Recreação em Ação

Organização
Vania Maria Cavallari

CB029727

2ª edição
revista, atualizada e ampliada

Ícone
editora

© Copyright 2011.
Ícone Editora Ltda.

Dados Internacionais de Catalogação na Publicação (CIP)
(Câmara Brasileira do Livro, SP, Brasil)

Recreação em ação / organização Vania Maria Cavallari. — 2ª edição revista, atualizada e ampliada. — São Paulo : Ícone, 2011.

Bibliografia.
ISBN 85-274-0872-4
ISBN 978-85-274-0872-1

1. Jogos em grupo 2. Lazer 3. Recreação I. Cavallari, Vania Maria.

06-5147   CDD-790

Índices para catálogo sistemático:
1. Recreação   790

Projeto gráfico
Andréa Magalhães da Silva

Revisão
Rosa Maria Cury Cardoso
Juliana Biggi

Editoração eletrônica
Richard Veiga

Todos os direitos reservados à:
ÍCONE EDITORA LTDA.
Rua Anhanguera, 56/66 – Barra Funda
CEP 01135-000 – São Paulo – SP
Tel./Fax.: (11) 3392-7771
www.iconeeditora.com.br
iconevendas@iconeeditora.com.br

Autores

Arimary Alencar Boccoli
Licenciatura Plena em Educação Física, Pedagogia, Especialista em Psicomotricidade, Educação Infantil, Distúrbios de Aprendizagem e Educação Ambiental.

Edson Scardovelli Pereira
Licenciatura Plena em Educação Física, Pós-graduado em Comunicação e em Arte Educação.

Hermes Ferreira Balbino
Professor Doutor em Ciências do Desporto.

Jaqueline Gomes da Silva
Graduada em Turismo – UFPA, Especialização em Planificação Estratégica do Turismo – USP, Mestrado em Educação – Uniso, Professora dos Cursos de Turismo e Hotelaria – Uniso, Assessora de Eventos – Uniso, Diretora da Empresa de Lazer – Komik Lazer e Eventos.

Jun Sawao
Especialização em Recreação e Lazer, Graduado em Educação Física e diretor de criação e planejamento da Açaí Eventos de Lazer e Produções.

Luiz Aurélio Chamlian
Especialista em Lazer e Animação Sociocultural, Ms. em
Educação, Diretor-Geral da Dinâmica, Treinamento e Lazer.

Luiz Octávio de Lima Camargo
Doutor em Ciências da Educação pela Universidade Sorbonne Paris 5 e em História e Filosofia da Educação pela FE-USP. Coordenador da Pesquisa em Turismo, Hotelaria e Gastronomia do Centro Universitário Senac-SP.

Maria Ângela Barbato Carneiro
Dra pela Escola de Comunicação e Artes da USP, Profa. da
Faculdade de Educação da PUC/SP.

Roberto Gonçalves Martini
Licenciatura plena em Educação Física, Especialista em Recreação e Lazer, Mestre em Psicologia da Educação, Coordenador da pós-graduação em Jogos Cooperativos na UNIMONTE.

Roberto Rodrigues Paes
Licenciatura Plena em Educação Física PUCCAMP-Campinas-SP. Mestre pela Universidade Metodista de Piracicaba, UNI-MEP-SP, Dr. pela Universidade Estadual de Campinas, UNI-CAMP-SP, Diretor da Faculdade de Educação Física - UNICAMP.

Vania Maria Cavallari
Licenciatura Plena em Educação Física. Especialista em Recreação e Lazer, Psicomotricidade e Jogos Cooperativos.

Vinícius Ricardo Cavallari
Licenciatura Plena em Educação Física, Bacharel em Turismo, Especialista em Animação Sociocultural, Especialista em Recreação e Lazer.

Vinícius Savioli
Professor de Educação Física com Especialização em Recreação e Lazer.

Sumário

Introdução

Este livro oferece orientações teóricas e práticas com vistas à aplicação da Recreação em diferentes setores. Atentos à necessidade de mais informações de como trabalhar a Recreação em várias comunidades, instituições e situações, reunimos os melhores profissionais para que oferecessem ao leitor subsídios para um bom desempenho no mercado de trabalho.

O livro todo discute diferentes aspectos da Recreação, a qual não pode ser entendida em sua plenitude sem conhecermos as questões do lazer, o que foi muito bem apresentado no capítulo: "Uma política de lazer". Respeitando as individualidades, não interferimos na terminologia que cada autor considerou adequada para se referir ao conteúdo.

Organizamos os capítulos iniciais voltados para a RECREAÇÃO que pode ser oferecida na INSTITUIÇÃO ESCOLAR, porque consideramos ser o início de uma EDUCAÇÃO PARA E PELO LAZER, passamos pela RECREAÇÃO aos portadores de necessidades especiais e continuamos abordando-a nas diferentes instituições que trabalham com RECREAÇÃO E LAZER. O último capítulo apresenta PROPOSTAS E PROJETOS na área de LAZER E RECREAÇÃO, orientando o profissional a como elaborar uma proposta de trabalho.

Vania Maria Cavallari

Capítulo 1

Uma Política de Lazer

Prof. Dr. Luiz Octávio de Lima Camargo

Esta minha reflexão beneficiou-se de várias fontes. Em primeiro lugar, de uma assessoria a Renato Requixa (1980), no seu livro *Sugestão de diretrizes de uma política de lazer*. Requixa, sem dúvida, foi o pioneiro na concepção de uma política de lazer com ênfase no tempo e no espaço de lazer. Beneficia-se ainda de alguns trabalhos de consultoria que prestei posteriormente: ao Plano Metropolitano 1994-2010 da EMPLASA, no qual respondi pelas áreas de lazer, cultura, esportes, turismo e patrimônio; ao Plano Diretor de Recursos Hídricos da Macrometrópole de São Paulo, do Consórcio HIDROPLAN, no qual respondi pelas sugestões de aproveitamento lúdico desses recursos; ao Plano de Aproveitamento Lúdico de Áreas Excedentes de Desapropriação, que realizei para a EMURB; e à Proposta de Alternativas de Gestão de Parques Públicos de São Paulo, que realizei para a Fundação Escola de Sociologia e Política de São Paulo. Deste conjunto de trabalhos resultam as reflexões e propostas emitidas ao longo deste estudo.

Pretendo iniciar com uma reflexão sobre políticas sociais em geral, a partir das quais enuncio o que seriam os eixos de uma política de lazer. No esboço desta política, sigo os passos clássicos do planejamento: diagnóstico e prognóstico, este dividido em diretrizes e ações.

Das políticas sociais a uma política de lazer

O que é política social

Entende-se por política social um conjunto de orientações *desejáveis* e de ações *possíveis* visando à melhoria ou à solução de uma situação *provável*, concebida sobre questões consideradas relevantes pela civilização. Política social sugere uma carência social, uma necessidade social, que é quase sempre concreta e objetiva. Tomemos, como exemplo, o caso da habitação. Todos nós temos necessidade de uma habitação. A sociedade considera essa necessidade um direito. A questão relevante da civilização é como permitir que todos possuam uma habitação. Há, pois, que se conceber uma política nessa direção, sobretudo pensando nos mais carentes socioeconomicamente que têm dificuldades para construir ou comprar sua casa. Em nome de uma política habitacional, surgem assim iniciativas variadas para permitir que todos tenham sua habitação.

Mas as exigências culturais se ampliam continuamente no movimento civilizatório. E estas exigências são fonte de novos critérios para o aperfeiçoamento de uma política social em qualquer campo. Continuemos com o exemplo da habitação. Há muitos sem-teto ainda entre nós, mas sabe-se que um "caixote" tipo BNH é insuficiente para dar conta de todas as necessidades domésticas dos indivíduos no seu cotidiano. Há, portanto, mesmo com o enorme déficit quantitativo de casas, que se pensar também na qualidade da habitação.

Essa exigência de qualidade é um novo ingrediente a ser considerado na política habitacional.

O mesmo raciocínio pode ser aplicado ao emprego, à saúde, ao transporte, etc... As balizas das políticas sociais em todos esses campos decorrem das aspirações que crescem sem cessar. Surgem, a princípio, em decorrência de reivindicações pontuais, mas pouco a pouco vão procurando dar conta do conjunto de aspirações dos indivíduos em torno do problema.

Lazer é necessidade?

Nem sempre, contudo, essa necessidade é concreta e objetiva como nos casos acima mencionados. A sociedade às vezes demora para se dar conta de uma nova necessidade. É o caso do lazer. Até bem pouco tempo atrás, ninguém ousaria propor uma política de lazer, pois ninguém pensava o lazer como um problema.

Em primeiro lugar, lazer nem mesmo era considerado uma necessidade. A teoria das necessidades prioritárias e secundárias de Maslow, concebidas para explicar o desenvolvimento da personalidade infantil, foi elevada à categoria de teoria do desenvolvimento social e por alguns foi utilizada com o intuito de demonstrar que o lazer não era uma necessidade básica da população.

Imaginava-se também que as reivindicações em torno do lazer (parques, equipamentos em geral) seriam natural e automaticamente resolvidas com o desenvolvimento econômico do país. Por que ocupar-se de um assunto que é parte menor de um problema maior, este sim urgente e prioritário?

Seria interessante resgatar esse debate e estudar como pouco a pouco impôs-se a consciência da necessidade do lazer e como essa necessidade traduziu-se num dos direitos individuais e sociais considerados dentro da nossa Constituição. Seria interessante mostrar como pouco a pouco as reivindicações de lazer que partiam sobretudo das populações mais pobres impunham-se à teoria emprestada de Maslow das necessidades básicas. Seria interessante mostrar também como a noção de desenvolvimento cultural, que inclui o lazer, pouco a pouco ganhou uma relativa autonomia em relação ao conceito de desenvolvimento econômico.

Basta dizer, por ora, que o prestígio do lazer como tema vem crescendo graças a duas aberturas da consciência social. Percebeu-se em primeiro lugar a sua importância para a qualidade de vida. Percebeu-se que o sentir-se cidadão, que a consciência de pertencer a uma cidade não repousa apenas no fato de se dispor de um lugar no mercado de trabalho ou de uma moradia. As muitas cidades-dormitório atestam essa assertiva, quando se nota o pequeno vínculo com o espaço urbano que o apenas trabalhar ou morar criam nos indivíduos. As relações sociais, na maior parte cultivadas dentro do lazer, são às vezes mais decisivas para a criação dessa consciência.

Os mais voltados ao utilitário também se renderam à evidência da importância do lazer ao se darem conta de seu peso na economia e na geração de empregos. Balizadas por esses critérios, as políticas de lazer começaram a surgir.

Aceitemos, assim, como ponto de partida para o presente debate que o lazer é uma necessidade e um direito do ponto de vista da melhor qualidade de vida dos indivíduos e sinal de um novo desenho do mercado de trabalho.

Desta forma, proponho desenvolver a minha reflexão em duas direções: do tipo de política de lazer que é hoje formal ou informalmente aplicada em nossa sociedade e das orientações e ações necessárias para uma efetiva e real política de lazer.

De que lazer se trata?

No contexto desta reflexão, o lazer é um tempo, um espaço e uma prática social. Enquanto tempo, é a pausa do trabalho e das demais obrigações, no final do dia, no fim de semana, nas férias e na aposentadoria. Enquanto espaço, é o conjunto de interstícios do território urbano e rural (incluindo tanto os já modificados pela ação do homem, como os naturais, tanto os verdes das matas como os azuis das águas) voltados à expressão lúdica dos indivíduos num território globalmente marcado pela ocupação utilitária do trabalho e da vida econômica. O lazer é, assim, o tempo e o espaço que sobram e que, quando são muito exíguos ou não existem, se tornam um problema, uma questão a ser solucionada.

Enquanto prática social, o lazer pode assumir a forma de uma atividade (jogar futebol, participar de um grupo de teatro), de uma fruição (ler um romance, assistir a um filme ou a um espetáculo de futebol) ou de estudo desinteressado (ao menos profissionalmente) de qualquer tema.

Um diagnóstico sucinto

A atual política de lazer

Não se sabe de nenhuma sociedade que tenha sistematizado as diretrizes de uma política de lazer. Mesmo a França, que chegou a criar um Ministério do Tempo Livre, não definiu uma política sistemática e coerente. Apenas reuniu sob uma nova denominação secretarias e setores que estavam diluídos em diversos ministérios. Em congressos internacionais que abordam o tema das políticas comparadas de lazer, o que se nota é um esforço dos expositores em dar sentido a medidas esparsas e incluídas no bojo de outras políticas.

É o que eu pretendo fazer agora também, tentando explicitar a atual política do lazer quanto ao tempo, ao espaço e ao suporte institucional de sua prática.

Do tempo de lazer

Do ponto de vista do tempo, a política de lazer em nosso país é clara, embora seja um corolário da política de tempo de trabalho. Ao definir a jornada diária de 8 horas, define-se também um tempo diário de lazer. Temos também a legislação do repouso semanal remunerado, das férias remuneradas e da aposentadoria remunerada. Tanto o tempo como o dinheiro para o lazer são acanhados, se compararmos com a situação existente nos países desenvolvidos, mas, ao menos, há uma política explícita.

A jornada atual de trabalho de 44 horas semanais cria uma jornada média semanal de lazer em torno de 35 horas. É muito ou é pouco? A se crer em alguns empresários fascinados pela dedicação dos tigres asiáticos ao trabalho, o tempo livre dos brasileiros é excessivo. Mas se olharmos as demais sociedades desenvolvidas economicamente e mesmo sociedades em estágio semelhante ao nosso, a conclusão é outra. Trabalha-se excessivamente no Brasil e dispõe-se de pouco tempo livre. As sociedades desenvolvidas já atingiram a inversão histórica de que falava Marcuse. Nelas, o tempo livre já é maior do que o tempo de trabalho.

Neste nosso diagnóstico sucinto, podemos assim falar de uma deficiência do tempo de lazer. Quantitativa, em primeiro lugar, já que outras sociedades provaram sua capacidade produtiva com menos tempo de trabalho dos indivíduos. E, também, qualitativa, já que o tempo de trabalho dos indivíduos normalmente é rígido, escravo do relógio de ponto. Poucas empresas conhecem as políticas de horários móveis e de outras formas de flexibilização das jornadas de trabalho e beneficiam seus empregados com elas. Além do mais, é vitimado por deficiências da circulação, pelos tempos mortos no trânsito frequentemente congestionado das grandes cidades, e emoldurado por uma paisagem urbana descuidada esteticamente, quando não deteriorada, sobretudo nos centros históricos das cidades, problema que somente de alguns anos para cá vem sendo abordado.

Do espaço de lazer

Do ponto de vista do espaço livre nas cidades, existe entre nós uma diretriz estranhíssima, a única referência conhecida. Trata-se de uma pretensa norma da ONU que estabelece o padrão de 13 m² de área livre por habitante das cidades. Digo pretensa porque é uma diretriz que todo mundo cita, mas ninguém sabe indicar o documento de origem. Digo estranhíssima, porque não leva a lugar nenhum. De que serve ao lazer meu ou de minha família, morando no Itaim-Bibi, um espaço como o Parque Ecológico do Tietê, situado a 30 km de minha casa?

As políticas espaciais de lazer mais esclarecidas falam sempre de diferentes necessidades de espaços livres nas cidades: espaços de vizinhança para o lazer diário de crianças e idosos que não dispõem de autonomia de locomoção nas cidades, de parques de bairro para práticas lúdicas de adolescentes, jovens e adultos, de parques urbanos e de parques metropolitanos, para períodos mais longos de fins de semana e férias.

A primeira referência a essa norma aconteceu no Plano Metropolitano de Desenvolvimento Integrado-PMDI de 1970. Mas lá, esses 13 m² por habitante estão devidamente desagregados nas unidades que acabei de mencionar. Com o correr do tempo, a diretriz foi praticamente mutilada.

Outra norma, esta constitucional, fala da necessidade de previsão de espaços livres em loteamentos e condomínios horizontais e verticais. Além de exíguo, este espaço nunca tem um uso controlado. Frequentemente, os empreendedores cumprem a lei com espaços absolutamente inservíveis a qualquer prática de lazer ou pouco a pouco os utilizam para outras finalidades. Ademais, resta o problema dos núcleos urbanos já instalados. Há bairros aqui em São Paulo, inclusive de classe média e média-alta, que não dispõem de um único espaço livre, seja de vizinhança, seja de bairro.

Quanto aos parques metropolitanos, o panorama é mais animador. Felizmente, o avanço da consciência ambientalista tem servido de freio à dilapidação das nossas reservas naturais. Elas hoje são objeto ao menos de fiscalização, o que nos dá um certo fôlego para pensar no mais importante, que é a sua organização para o lazer da população. A legislação de parques estaduais, em São Paulo, por exemplo, já prevê zonas de uso intensivo e extensivo, o que sem dúvida é uma boa perspectiva para o futuro.

Mas o lazer não vive somente de espaços livres. Necessita também de áreas construídas, tecnicamente planejadas seja para o esporte, seja para a vida artística, intelectual e associativa. Neste caso, não existe nenhuma diretriz. Centros culturais, centros esportivos, museus, etc... são instalados segundo a inspiração nem sempre bem informada dos nossos políticos e de empresários.

Finalmente, vimos acima que, do ponto de vista do tempo livre, uma política de lazer está associada a uma política do tempo de trabalho. Já do ponto de vista do espaço, uma política de lazer está associada às políticas habitacional e de circulação. Não podemos esquecer que a casa é o principal equipamento de lazer dos indivíduos. As casas não são mais as cavernas pré-históricas, que apenas serviam de refúgio às intempéries e animais selvagens. Hoje, mesmo as casas mais modestas são pequenos centros culturais. A maior parte do tempo livre é ali consumido em práticas ligadas às mídias (som e vídeo, jornais, revistas, livros), à vida associativa tanto no plano das relações humanas, como das relações com animais domésticos e mesmo com plantas.

Em relação à circulação urbana, pode-se utilizar raciocínio semelhante. Quem diria que na cultura das cidades as ruas sempre foram espaço de contemplação e encontro, ao olhá-las hoje tomadas por veículos e circundadas por uma paisagem descuidada e com pouco tratamento estético?

Do suporte institucional

Enquanto prática social, o diagnóstico é o mesmo, quer se abordem as práticas físicas do lazer, as práticas artísticas ou as práticas intelectuais. Em todos os casos, as pesquisas mostram uma dupla realidade: de um lado baixos índices de prática; de outro, elevados índices de aspiração, de desejo de praticá-las.

Se os índices de prática são baixos e os níveis de aspiração são elevados, estamos diante de um duplo problema. O primeiro é eminentemente educacional e pode ser assim formulado: como estimular os indivíduos a enriquecerem culturalmente seu tempo livre com práticas as mais diversificadas, rompendo o imobilismo do cotidiano? É um problema da educação para o lazer e diz respeito a uma cultura do cotidiano marcada pelo paradigma do trabalho, do utilitário. Nesse paradigma da cultura atual, o *homo ludens* está sufocado pelo *homo faber*. E conduz-nos a um triste diagnóstico: de que, ao valorizar tanto o trabalho, desaprendemos as formas de expressão gratuita próprias do lúdico. Tornamo-nos monovalentes culturalmente, desaprendemos as riquezas da diversidade cultural.

O segundo diz respeito ao suporte institucional dessas práticas, aos promotores do lazer. A quem cabe organizar e promover as práticas de lazer nesse tempo livre e nesses espaços? Este é um problema específico de uma política de lazer. O que se nota, dentro da nossa tradição paternalista, é o apelo ao Estado como o responsável pela solução dos nossos problemas ou, pior ainda, a ideia de que, com o Estado ausente, apenas existe a iniciativa privada lucrativa. Se assim fosse, estaríamos perdidos. Hoje, tanto o poder público como as empresas somente se interessam por eventos, dado o seu potencial mercadológico. Temos assim um lazer a serviço da propaganda comercial ou política. Municípios, Estados e a União deixam à míngua seus espaços fixos (parques, museus, centros culturais, centros esportivos, etc...) para investir em eventos pontuais.

Na verdade, as iniciativas públicas e privadas comerciais são a ponta do *iceberg* da prática cultural do lazer, a mais visada e a mais divulgada pela mídia. Mas a maior parte das iniciativas na área vem do chamado terceiro setor, das instituições privadas sem fins lucrativos (sindicatos e associações profissionais que promovem debates, cursos, jogos, SESC, SESI, ACM, fundações culturais ligadas a empresas, escolas de samba, clubes recreativos urbanos e de campo, as AABBS, clubes e grêmios de empresas).

A oportunidade e a vocação dessas entidades sem fins lucrativos para a promoção dos serviços aqui tratados é tanto maior se se notar que as mesmas associam, via de regra, a eficiência privada de gestão a uma perspectiva socioeducacional de atendimento, mesmo quando esse atendimento é restrito apenas aos associados.

É de se notar, também, a sua pulverização em pequenas instituições (clínicas, grupos profissionais, grupos de vizinhança, etc...) e milhares de iniciativas que pontuam o cotidiano de uma cidade, expressos sob a forma de pequenos cursos, encontros, clínicas, pequenos eventos, reuniões, festas, campeonatos esportivos, que se perdem no anonimato por falta de articulação e divulgação.

A falta de articulação dificulta até mesmo o conhecimento exato do número, natureza e campo de ação dessas instituições. Sabe-se que grande número dessas entidades não dispõem de ação continuada, às vezes nem mesmo dispõem de endereço fixo, vivendo de pequenas concessões de entidades mais fortes ou dos recursos dos próprios integrantes. E diminui, ainda, o poder de participação política do setor.

Não dispomos de nenhuma associação que se preocupe em conferir identidade a tantas formas físicas e culturais de ações. Em termos nacionais, temos apenas uma instância – uma convenção nacional (ENAREL) do setor que, é verdade, vem crescendo ano a ano, mas que não consegue dar conta de toda a necessidade de visibilidade social do campo. Dessa forma, os baixos índices de práticas de lazer não podem ser dissociados da pouca divulgação e articulação das ações que são desenvolvidas.

Diretrizes de uma política global de lazer

Como melhorar as condições de acesso da população à prática e à fruição do lazer? Esta me parece a questão-chave de uma política para o setor. E esta questão, face ao diagnóstico acima, sugere a necessidade clara de um incremento quantitativo e qualitativo do tempo, do espaço e do suporte institucional para as práticas do lazer.

O incremento quantitativo e qualitativo do tempo disponível para as práticas de lazer exige da coletividade algumas medidas difíceis do ponto de vista da cultura cotidiana e do trabalho, mas que, mesmo assim, devem ser colocadas em discussão. Entre as medidas sugerem-se aqui a redução da jornada de trabalho, a difusão da flexibilidade da jornada de trabalho, reestudo dos horários metropolitanos, desconcentração dos períodos de férias escolares e a proteção à paisagem urbana e metropolitana.

O incremento dos espaços para o lazer devem levar em conta os déficits existentes, que, sob certo ponto de vista, podem ser considerados irreversíveis, tal a quantia que deveria ser gasta apenas em desapropriações. A solução é, pois, não apenas conter esse déficit como minimizá-lo apor meio de medidas, às vezes opostas às que foram implementadas até então.

A melhoria da quantidade e da qualidade dos espaços de lazer exige vontade política e investimentos do poder público para criação e operação de parques estaduais e metropolitanos, a implantação de novos parques urbanos e de bairro, uma nova filosofia de circulação viária que não vitime e sim que promova a criação de espaços livres de vizinhança, o aproveitamento lúdico de represas e reservatórios, escolas, terminais de transporte de passageiros, uma legislação mais adequada sobre espaços de lazer em empreendimentos habitacionais, uma revisão das legislações restritivas sobre investimentos no território. Exige, ainda, uma parceria com a iniciativa privada lucrativa e não-lucrativa para a criação e operação de equipamentos de lazer, cultura e esportes, bem como para a revitalização de bairros em processo de deterioração.

Finalmente, há necessidade de se incentivar a iniciativa cultural. E não apenas as grandes iniciativas. Estas somente serão significativas se lastreadas num grande volume de iniciativas voltadas para pequenos grupos. A recomendação é a da criação de centros de referência cultural nos municípios, capazes de coordenar e divulgar a oferta já existente e de incentivar iniciativas voltadas à formação profissional e à iniciação à prática amadora.

Ações recomendadas

A redução da jornada de trabalho

A redução da jornada de trabalho é condição preliminar e indispensável, como se viu, para o aumento do tempo livre. Esta questão, contudo, não é simples (SAMUEL, 1984). Seu encaminhamento encontra obstáculos diferentes, como o grau desigual de desenvolvimento tecnológico, competitividade e produtividade das empresas privadas lucrativas, algumas destas já preparadas para reduzir a jornada de trabalho de seus empregados, sem perda dos espaços que ocupam no mercado nacional e internacional, e outras condenadas, com a redução, ao aumento de custos e até a falência.

Envolve, ainda, preconceitos como o de que, em se trabalhando menos, a economia como um todo irá depauperar;

ou de que com a redução da jornada de trabalho aumentará a procura de "bicos", com o efeito oposto, o de aumento de tempo de trabalho. A história da redução da jornada de trabalho, que no início do século no Brasil era superior a 4.000 horas/ano, para menos da metade, hoje, tem mostrado que a redução da jornada de trabalho leva, sim, alguns a procurarem "bicos", mas apenas no início e, sobretudo, aqueles trabalhadores que não sabem ocupar seu tempo de outra forma. Contudo, já na mesma geração e sobretudo na seguinte, o que se observa é o aumento do tempo livre para o lazer da população. E este aumento do tempo livre não enfraquece a economia e sim a recicla: passam-se a produzir novos bens e serviços para atendimento a novas aspirações e necessidades geradas nesse tempo. De resto, produzir mais trabalhando menos é a essência da revolução técnica iniciada com a indústria e que prossegue com a telemática. E esta é a explicação para o fato frequentemente lembrado na imprensa de que a indústria do lazer e do turismo é a que mais cresce no mundo atual.

Há outros preconceitos, ainda, já fora da ordem econômica. Exemplo: o de que o aumento do tempo livre implicará não no aumento dos lazeres sadios, mas no consumo de álcool e drogas, o que é de certa forma verdade, sobretudo em países onde a redução da jornada de trabalho não foi acompanhada de medidas paralelas de melhoria do espaço e do suporte institucional para o uso adequado do tempo livre, exatamente o que se quer evitar. Este fato revela, ainda, que a redução da jornada de trabalho é um processo a ser negociado em toda a sociedade, já que a letra da lei só terá sentido se vier a sacramentar um consenso.

Importa, pois, iniciar um processo que estimule as empresas mais modernas a reduzir a sua jornada de trabalho e, em seguida, estabeleça um parâmetro estimulador ou mesmo constrangedor para as demais. Os atores principais da mudança certamente são os sindicatos de empregadores e de empregados. Os sindicatos de empregados têm investido nos últimos 20 anos toda a sua capacidade de negociação na reposição de perdas salariais. Itens como a redução da jornada de trabalho têm sido sacrificados em função desta prioridade, apesar de que esta foi a pauta da mais prolongada greve do setor privado no país, de 11 de abril a fins de maio de 1985, quando 300.000 metalúrgicos tinham como reivindicação maior a redução da jornada de trabalho para 40 horas semanais, sem redução de salário.

Se os sindicatos são os principais atores dessa mudança preconizada e necessária, não é menor a responsabilidade dos demais setores. As organizações de lazer precisam se dar conta de que a redução da jornada de trabalho é essencial para seu presente e seu futuro. Precisam assumir seu lugar no debate, por meio de seminários, congressos, procurando romper preconceitos e criar as bases de uma consciência sobre o assunto.

A *flexibilização da jornada de trabalho*

O lazer cotidiano é condicionado e limitado pela rigidez dos horários de trabalho nas empresa e pelo tempo morto perdido no trânsito, fatos que trazem à tona a importância dos chamados horários flexíveis de trabalho e da regulamentação dos horários urbanos.

Nas suas diferentes modalidades, sempre combinando um período fixo diário e outro flexível semanal, os horários flexíveis trazem vantagens para o trabalho e para o lazer. Do ponto de vista do trabalho, há menor perda de tempo em saídas diárias para cuidados pessoais. Do ponto de vista do lazer, permitem uma composição de horário que torna possível a participação em programações e passeios noturnos e no desfrute da cidade em geral. As principais modalidades de jornadas flexíveis (JANUS, 1981) são as do horário móvel, relativamente difundida, e outras, menos conhecidas, como a jornada de 40 horas em quatro dias e do tempo compartilhado (uma jornada de trabalho dividido por duas pessoas).

Sob certo ponto de vista, a flexibilidade da jornada de trabalho é mais importante para o lazer dos indivíduos do que a sua redução. Esta assertiva foi amplamente demonstrada na mais extensa pesquisa já realizada sobre o equilíbrio entre trabalho e lazer no cotidiano dos indivíduos (GROSSIN, 1981). Esta pesquisa, realizada junto a uma amostra de 4.500 trabalhadores franceses de todos os níveis, ramos e idades é a principal comprovação disponível sobre o peso da rigidez da jornada de trabalho sobre o equilíbrio entre a vida de trabalho e não-trabalho.

A desconcentração dos períodos de férias escolares

Não há dúvida de que a concentração de datas de gozo de feriados prolongados e de férias escolares representa um transtorno para a vida cultural da população: concentra as saídas e retornos de viagens, entope os principais pontos de destinação turístico-recreativa, transformando momentos que deveriam ser de relaxamento em congestionamentos de trânsito e filas (embora para muitos a situação de promiscuidade vivida em praias, bares e ruas seja até mesmo um atrativo); e constitui um obstáculo para a economia das regiões receptoras, submetida a uma sazonalidade que transtorna o equilíbrio dos preços e da distribuição e circulação de bens e serviços.

Não por outro motivo, fala-se hoje em diversos países (consta, aliás, da pauta da Comunidade Econômica Europeia para o ano 2000) em desconcentrar férias escolares e feriados prolongados, a partir dos grandes centros emissores desse tipo de migração turística. A tentativa fracassada, anos atrás, de promover o gozo de feriados pátrios e santos às segundas-feiras, que posteriormente foi revogada, pode parecer um desestímulo a novas tentativas, mas de fato não é. Na ocasião, a medida, a par de uma natural resistência da Igreja e que persistirá certamente no futuro, trazia embutida a ideia, antipática à população, de se acabar com as "pontes" causadoras dos feriados prolongados. A impressão é de que este segundo fator foi o decisivo.

Hoje o país retoma a discussão com o projeto *Férias Repartidas* em debate no Congresso Nacional. É um projeto a ser, sem dúvida, valorizado do ponto de vista de uma política de lazer.

O reestudo dos horários urbanos

As perdas de tempo em transportes e circulação certamente merecem medidas de uma política de circulação. Os tempos mortos no trânsito, que em alguns casos chega a 4/5 horas diárias, podem ser minimizados por intervenções sólidas no sistema de transportes metropolitanos. Mas pouco se investiu até agora numa política mais simples que é um reestudo dos horários urbanos que minimize os picos resultantes da simultaneidade de horários de trabalho e de comércio. O município de São Paulo já colocou em prática algumas medidas que precisam ser aprofundadas.

A proteção à paisagem urbana

Qual é o custo econômico de uma paisagem urbana desordenada e de má qualidade estética? Esta pergunta parece estranha diante do volume de problemas existentes, nos diversos campos de gestão de uma cidade. No entanto, o passear livre e sem destino, tão importante no lazer extra-doméstico, supõe uma paisagem natural ou artificial acolhedora e estimuladora da contemplação.

Neste campo, duas preocupações podem ser encaminhadas hoje. A primeira diz respeito ao paisagismo urbano. Hoje, alguns escritórios de paisagismo criativos têm conseguido uma engenharia de projeto que, com recursos de publicidade, povoa ruas e avenidas de árvores e flores, sem custo para a municipalidade. A outra diz respeito à poluição visual. O município de São Paulo tem, também nesta questão, procurado algumas soluções no que diz respeito à poluição visual de luminosos de lojas e *out-doors*.

Poderíamos aqui falar ainda de incentivos à manutenção da pintura de casas e edifícios, de concursos de decoração de edifícios e ruas comerciais. Trata-se, pois, de estimular iniciativas deste tipo e de considerar esta necessidade nos estudos de impacto ambiental de todas as grandes intervenções físicas no território.

A criação de novos parques urbanos e de bairro

Tomemos o exemplo da região metropolitana de São Paulo e as recomendações do Plano Metropolitano 1994-2010. Além de recomendar a implantação rápida dos parques Villa-lobos, 9 de Julho, do Parque dos Eucaliptos e do Parque Ecológico da Guarapiranga, o Plano lembra a prioridade de um parque urbano na zona norte, com o aproveitamento da área hoje ocupada pelo Campo de Marte, cujas funções aeroviárias vêm sendo já desativadas, bem como uma administração mais adequada, com maior volume de recursos financeiros e humanos dos parques urbanos já existentes, buscando-se se necessário o apoio da iniciativa privada lucrativa e não-lucrativa.

A criação e operação dos parques metropolitanos e estaduais

É curioso notar que uma metrópole, como a de São Paulo, tão decantada na sua falta de espaços livres e verdes, seja tão privilegiada de áreas florestais densas e ainda virgens e preservadas (ora como parques criados e não instalados, ora como parques a criar, ora como áreas de preservação permanente) no seu entorno, como é o caso da Serra do Mar/Paranapiacaba, ao sul, Boturuna, Itaqui e Japi a oeste, Itapeti, à leste, e, ao norte, já iniciando o sistema Mantiqueira, as serras da Cantareira, Bananal e Pedra Branca.

É verdade que tais áreas pouco servem ao lazer cotidiano, sobretudo dos habitantes das áreas centrais da metrópole. Mas são bastante úteis ao lazer de fim de semana e férias. A legislação que cria os parques estaduais é bastante esclarecida ao prever diferentes tipos de uso ou de não-uso possíveis: áreas de uso intensivo, para o lazer diversificado e o turismo da população, áreas de uso extensivo, com maior controle de acesso, até chegar a áreas de controle maior e inclusive uma chamada zona intangível.

Dessa forma, já existe o espaço e a legislação. Na sua agenda para 2010, a metrópole pode assim colocar entre suas prioridades, a criação de parques em áreas de preservação permanente e a implantação efetiva dos parques existentes, com o zoneamento de uso apropriado.

Não é demais acrescentar que a efetivação do uso ainda que limitado dessas áreas em muito contribuiria para aliviar os problemas de fiscalização dessas áreas, hoje entregue aos poucos e desaparelhados quadros da Polícia Florestal. Afinal, a melhor forma de fiscalização preventiva é o uso humano responsável.

Aproveitamento de excedentes de desapropriação em vias urbanas e rodovias

Se até agora espaços de lazer foram roubados em benefício da circulação de automóveis, trata-se agora de estudar o aproveitamento de espaços livres desnecessários à circulação ao longo de ruas, avenidas e vias expressas, como parques de bolso para uso da vizinhança. Ao longo de vias expressas e avenidas, pode-se estudar a disposição das pistas não apenas em benefício da circulação, mas também do lazer da população circunvizinha, destinando fatias de terreno a parques de vizinhança e mesmo de bairro.

O mesmo vale para as rodovias. Atrações existentes na vizinhança do trajeto ou cenários privilegiados podem constituir pequenas áreas de parada e contemplação e mesmo de piqueniques. Aliás, já existe dispositivo legal sobre importante dimensão deste tema, o das paisagens ao longo das rodovias. O decreto estadual 9.484 de 3.2.77 declara de interesse turístico todos os primeiros planos de paisagens que se descortinam de rodovias e ferrovias estaduais e federais.

Regulamentação rígida de espaços livres de lazer em condomínios horizontais e verticais, loteamentos e novas implantações urbanas

Em regiões urbanas densas, o comprometimento irreversível dos espaços torna as áreas livres de condomínios verticais a derradeira alternativa para crianças e idosos, apesar do caráter de confinamento que inevitavelmente se estabelece. Esta questão remete às legislações sobre espaços livres em habitações coletivas.

Embora tal legislação seja tipicamente municipal, poderiam ser fixadas recomendações em nível metropolitano, estadual e federal que atenuassem os danos causados por problemas que derivam de causas compreensíveis (uso de áreas livres para empreendimentos como escolas, postos policiais e de saúde, etc...) e de causas perversas (má-fé de empreeendedores que destinam ao lazer as áreas menos nobres dos condomínios verticais, horizontais e loteamentos), às vezes áreas não ensolaradas ou ribanceiras.

Regulamentação do uso das praias

Sabe-se que o contraponto sol/água é o maior indutor do lazer extradoméstico nas cidades, o que torna as praias o endereço privilegiado dos fins de semana. Em fins de semana prolongados, três milhões de habitantes da região metropolitana descem em direção às praias, onde acontece um triste círculo vicioso: há mais frequentadores que espaço nas praias e qualquer regulamentação de uso interfere num conceito que se estima sagrado que é o do acesso democrático às praias. Resultado: os excluídos dessa democracia são como sempre os mais pobres, os chamados "farofeiros", cuja única estratégia possível é tentar driblar os bloqueios das prefeituras litorâneas.

Que tipo de regulamentação é a mais adequada? Por enquanto, a única que me parece viável politicamente é a já mencionada desconcentração das datas de feriados prolongadas e férias.

Aproveitamento do potencial lúdico de rios e represas

Se nos feriados prolongados, três milhões de habitantes das regiões metropolitanas descem às praias, cifras imprecisas falam de dois milhões que buscam apenas o complexo Billings-Guarapiranga, embora nada tenha sido feito até hoje com vistas ao seu aproveitamento lúdico.

Considerando tal potencial e o enorme interesse da população, sobretudo de baixa renda, que se submete a uma utilização mesmo selvagem de suas margens e corpos, com todos os riscos inerentes de mortes e acidentes, seu aproveitamento pode ser considerado a prioridade número um da recreação popular metropolitana.

Quantos quilômetros de praias, quantas áreas de pesca, de recreação com pedalinho e outros artefatos seriam possíveis dentro de um plano de uso adequado desses espaços?

Aliás, nunca é demais se enfatizar que os projetos de represas devem concebê-las não apenas nos usos consuntivos e não consuntivos de fornecimento de água potável, geração de energia elétrica, irrigação, navegação comercial. É vital que, desde o início, as represas sejam concebidas, como acabarão se tornando inevitavelmente, espaços de lazer. Uma represa concebida desde o início como espaço de lazer quem sabe permita um dia que se desapropriem não apenas os terrenos a serem inundados e sim também todo o primeiro plano da paisagem circundante. Hoje, o Estado desapropria as áreas inundáveis por hectare e os especuladores posteriormente revendem o espaço circundante por m^2.

Aproveitamento lúdico dos demais equipamentos urbanos

Uma política de lazer pode beneficiar-se de projetos mais esclarecidos nas áreas de circulação, transporte, distribuição de água e educação.

Comecemos pelas escolas. Em alguns bairros, os equipamentos lúdicos da escola são os únicos disponíveis. Seu uso pela população depende, contudo, de uma mudança na legislação sobre a gestão nas escolas que nunca saiu do papel.

O mesmo raciocínio pode ser aplicado aos terminais de transporte. Os horários de espera da condução são frequentemente horários mortos, já que o seu projeto não os concebe também, o que seria necessário, como espaços de lazer.

Dentro das cidades, ainda, em pontos aprazíveis, de vista privilegiada, estão os reservatórios de tratamento e distribuição das águas, também com possibilidades privilegiadas de uso para o lazer cotidiano da população, sobretudo crianças e idosos. Alguns, aliás, já estão abertos, o que demonstra o potencial desta medida.

Perspectivas de melhoria dos espaços construídos

Tal como no caso de espaços livres, os espaços construídos mostram deficiências quantitativas e qualitativas e um setor público incapaz de dar conta financeiramente de seu suprimento.

Há deficiências de espaços culturais polivalentes: centros culturais, centros comunitários, centros esportivos. Mas há também um número enorme de iniciativas que a sociedade nem mesmo se preocupa em cadastrar e conhecer, ligadas a grupos, ONGs, sociedades de bairro, etc... No próximo item, abordar-se-á a perspectiva de criação de um centro de referência cultural da região metropolitana, que pode não apenas levantar as iniciativas existentes, como divulgá-las e estudar mecanismos de incentivo e ajuda.

Mas, sobretudo do ponto de vista do prestígio da metrópole, as maiores deficiências estão nos equipamentos especializados de ponta, principalmente de espetáculos artísticos e esportivos. A deficiência mais notável é de espaço(s) coberto(s) para 40/80 mil pessoas, de uso polivalente para eventos esportivos, *shows* e espetáculos em geral.

Estudo de formas alternativas de gestão dos espaços públicos de lazer

Hoje, parques, centros culturais, centros esportivos e praças vivem a seguinte situação: não dispõem de recursos nem mesmo para a limpeza e fiscalização (quanto mais para o manejo da vegetação, para a infraestrutura e a animação) e não podem gerar recursos para o seu custeio já que toda a arrecadação se perde no buraco negro dos tesouros municipais.

Falar em formas alternativas de gestão não significa privatizá-las ou entregá-las à iniciativa privada lucrativa. Os exemplos do Parque Burle Marx, em São Paulo, gerido por uma Fundação, e o do Parque Ibirapuera, para o qual há um projeto de lei na Câmara, entregando sua gestão a um consórcio entre uma Fundação e a ONG SOS-Mata Atlântica, são sugestivos dessas formas alternativas de gestão.

A proteção ao patrimônio cultural

A proteção ao patrimônio poderá adequar-se a três linhas de ação possíveis:

a) Maiores estímulos legais à recuperação, reúso e revitalização de instalações existentes, com um aperfeiçoamento nessa direção da lei do solo criado do município de São Paulo e com sua extensão ao conjunto do território metropolitano.

b) Priorização de iniciativas de revitalização dos centros históricos e de bairros deteriorados dos municípios.

c) Valorização da geografia cultural urbana e da identidade cultural de bairros e regiões das cidades.

A criação de centros urbanos de referência em cultura e lazer

Não se trata no caso de propor mais uma instância hierárquico-administrativa no setor público. Estes Centros de Referência, embora possam no início contar com o apoio institucional do poder público, são mais adequados ao terceiro setor, à maneira dos sindicatos da iniciativa existentes em cidades europeias. A par de minimizar a diversificação, superposição e conflitos derivados do grande número de promotores públicos e privados de ações de lazer, cultura, esportes e turismo nas cidades, teriam como finalidades:

a) recensear a oferta cultural existente dos produtores culturais sob a forma de cursos, oficinas, espetáculos e eventos em geral;

b) estabelecer as deficiências e informar sobre suas prioridades;

c) elaborar e divulgar um calendário diário, semanal, anual e plurianual de eventos e ações ligadas seja à formação profissional cultural, seja à iniciação cultural, seja dos espetáculos e eventos;

d) criar formas de desenvolvimento de pessoal para animação e organização de eventos.

Considerações finais

Gostaria de concluir com duas reflexões. Em primeiro lugar, o que quer dizer esta noção de democracia cultural? Estaríamos falando de uma sociedade onde todos jogam tênis, onde todos tocam piano, onde todos escrevem romances ou encenam peças teatrais? Certamente não! Hoje, mais do que nunca, uma tal sociedade de iguais seria inteiramente conflitante com o mito mais recente de uma sociedade tolerante de diferentes. Acredito que o termo democracia cultural tenha mais a ver com igualdade de oportunidades de acesso, aí sim ao esporte, ao cinema, ao teatro, à música, etc... E, sobretudo, uma luta contra a situação atual em que, segundo Dumazedier (1994), o tempo de lazer é basicamente ocupado com o entretenimento inconsequente.

Começaria, assim, perguntando: existem práticas culturais democratizadas em nossa sociedade? Para não mergulharmos em utopias, podemos reconhecer ao menos no futebol e na música popular esta democratização cultural. Samba e futebol. Bola e carnaval. Retiraríamos estas expressões do estereótipo e tentaríamos entender assim o seu real significado na cultura brasileira.

Notemos que, a grosso modo, os índices de participação da população são semelhantes nas duas práticas: aproximadamente 70% de aficionados, pessoas que apreciam e entendem ao menos os rudimentos dessas práticas; 12 a 15 % de praticantes amadores, seguindo mais ou menos as rubricas eruditas dessas práticas; e um considerável contingente de profissionais, alguns deles geniais.

Podemos assim até mesmo arriscar a uma conceituação mais objetiva de democratização de uma prática cultural, falando da existência de uma base ampla de aficionados, de um setor intermediário de praticantes amadores e de um topo ocupado pelos profissionais.

A questão que se coloca na busca da democratização de uma prática cultural é, pois, a seguinte: onde investir primeiro – nos aficionados, por meio de grandes eventos, nos amadores, por meio de cursos, oficinas, ateliês, ou nos profissionais, por meio de centros de formação profissional de ponta? Certamente é nos três campos, poderíamos dizer de uma forma simplista. Pessoalmente, porém, gostaria de enfatizar o intermediário, o da difusão da prática amadora, com base tão somente numa reflexão a partir de minha experiência pessoal na área. Quando se investe no amador, investe-se simultaneamente na formação do apreciador crítico e, dependendo do seu talento e interesse, na criação de um novo profissional, quem sabe um novo gênio.

Desconfio como todo mundo dos eventos grandiosos, que se esfumaçam na ausência de um quadro de prática constante. E desconfio da ênfase na formação do gênio, típico de sociedades totalitárias que buscam apenas a propaganda. Este meu depoimento (nada mais é do que isso!) é também uma homenagem às organizações de lazer, que tanto lutaram para fugir do ostracismo cultural e que ainda lutam para mostrar sua utilidade no atual panorama de nossa cultura.

E aqui há que se lutar contra todas as formas de segregação à prática cultural: a socioeconômica, a geográfica, a etária e a da pretensa normalidade física. O cidadão privilegiado no acesso à prática cultural é o jovem, de classe média e alta, morador do centro urbano das grandes metrópoles, sem diferenças do ponto de vista do seu corpo e de sua mente. Há que se pensar em alternativas mais acessíveis economicamente, que cheguem a bairros distantes dos centros urbanos e aos pequenos centros urbanos distantes dos grandes polos culturais, às crianças e idosos e a pessoas diferentes do ponto de vista do seu potencial físico e mental.

Finalmente, há que se mencionar outras formas de conceber política cultural. Cultura não é objeto material por mais que tentemos materializar a cultura de todas as formas. Cultura é o domínio do simbólico, do imaginário. A nossa educação é iconoclasta, dizia Emmanuel (1971). Afastamos os ídolos, erradicamos a imagem. Uma outra política cultural ou política da cultura poderia ser concebida dessa forma, como uma revitalização do imaginário espoliado por séculos de cultura materialista. Implicaria mudança radical do nosso sistema educacional, na forma de conceber a cultura, enfim, num outro paradigma. Parafraseando a reflexão de Gaston Bachelard (1972) sobre a ciência, não seria uma cultura a serviço da sociedade. Mas uma sociedade a serviço da cultura. Ainda precisamos caminhar muito até lá.

Referências bibliográficas

BACHELARD, GASTON. *La formation de l´esprit scientifique*. Paris, Vrin, 1972.

DUMAZEDIER, Joffre. *A revolução cultural do tempo livre*. São Paulo, Studio Nobel, 1994.

EMMANUEL, Pierre. *Pour une politique de la culture*. Paris, Seuil, 1971.

GROSSIN, William. *Des resignés aux gagnants*. Nancy, Pub. Univ. Nancy II, 1981.

JANUS CONSULTANTS. *Des rytmes de travail souples*. Paris, Chotard & Associés, 1981.

REQUIXA, Renato. *Sugestão de diretrizes de uma política de lazer*. São Paulo, SESC, 1980.

SAMUEL & ROMER. *Le temps libre: un temps social*. Paris, Lib. des Méridiens, 1984.

CAPÍTULO 2

Recreação na Educação Infantil

Edson Scardovelli Pereira

Introdução

Segundo definição, recrear significa usar um espaço de tempo para repouso, distração, para brincar, para se envolver com atividade que dê prazer. Em se tratando de Educação Infantil, devido às características da faixa etária, o "repouso" com certeza será "ativo". A "distração" será com atrativos, ou seja, a criança passará seu tempo fazendo "coisas". Pensando na escola, no tempo concedido para descansar e brincar, a criança está mais para brincar do que para descansar, pois o seu descanso é imediato, em um curtíssimo espaço de tempo.

A Educação Infantil, em função do crescimento e desenvolvimento urbano, vem sendo descaracterizada a partir das construções dos prédios de suas Instituições, do mau aproveitamento do espaço físico, do exagero de concreto e cimento e do pouco contato com a natureza. Além disso, o excesso de pedagogismo está tornando essa modalidade de ensino muito formal.

Há uma preocupação por parte da comunidade e da escola em alfabetizar no sentido do aprender a ler e a escrever, sendo que a alfabetização, segundo a concepção do recrear, se dá de corpo todo. Há pouco espaço para as brincadeiras. Os fatos não são vistos com o olhar da criança e sim com o olhar dos adultos. É difícil encontrar, nessas Instituições, criança com os pés descalços, sem camisa, terra para ela se sujar, grama, gramado para ela poder rolar, árvores para ela poder subir e descer. Tudo é muito rotineiro. O imprevisto pouco acontece.

Nesse relato, sobre recreação na Educação Infantil, tentaremos resgatar as ideias que favoreçam a infância, que despertem necessidades e interesses infantis e que despertem os educadores para uma atenção maior para o olhar da criança.

Características infantis

Ativa

A criança não pode ficar confinada em espaços. Tem o direito de extrapolar em relação aos espaços. Em casa, na escola, ela tem o direito de conhecer todas as suas dependências, no mínimo até os muros. Tem necessidade de se movimentar de corpo todo.

Quando bebê, não deve ficar em "cercadinhos", para poder se deslocar, mudar de posição, poder rolar, sair da posição de "barriga para cima" (decúbito dorsal), para "barriga para baixo" (decúbito ventral). Com esse movimento, ela terá outra visão do mundo. Verá o mundo de "ponta-cabeça".

Após o rolar, pelo seu desenvolvimento motor, estará na condição de rastejar e engatinhar. Com esses deslocamentos, terá acesso a novas descobertas: plano reto, inclinado, degraus, etc. Tudo isso é conhecimento novo. Considerando ainda o seu desenvolvimento motor, buscará novas posições de corpo como sentar e apoiar-se. Passará do plano horizontal para o vertical. Ficará em pé, dará os primeiros passos, correrá, pulará, etc. Essa expressão de corpo todo é necessária para o seu desenvolvimento pleno.

Nos dias de hoje, os espaços estão cada vez mais reduzidos. As moradias são minúsculos apartamentos ("apertamentos"). As escolas são um amontoado de salas. As ruas são tomadas por automóveis. Os campos estão se transformando em cimento e concreto. Nos poucos "verdes" existentes não há segurança. A tendência é o confinamento. O meio de comunicação é a "babá eletrônica" (TV) e o computador (Internet e video games). É a era dos dígitos. Haverá um acúmulo de energia, pois o movimento de corpo todo está sendo bloqueado. Bloquear o corpo significa bloquear ideias, pensamentos e imaginação, pois a linguagem da criança é corporal (motora).

Respeitando essa característica infantil (criança ativa), sugerimos algumas práticas de recreação: em espaço aberto, em espaço fechado, que envolva o corpo todo em sua movimentação (que não restrinja somente a movimentação para alguns segmentos do corpo). Recreação com ou sem objetos, em atividades individuais ou coletivas, de criação ou de comando. Atividades de corrida (pega-pega: pegador e fugitivo, duro ou mole, ajuda-ajuda, pegador corrente, pegador com "piques", pegador americano, etc.), de saltos (uso somente de um pé, uso dos dois pés de forma alternada, uso dos dois pés juntos, etc.) e arremessos (uso de uma das mãos, de duas mãos, arremesso com saltos, arremesso com corridas, etc.)

Pensamento simbólico

Dentre os seres vivos, o ser humano tem o privilégio de ser o único a ter o símbolo presente no seu pensamento, ou seja, está na condição de representar (de substituir uma coisa pela outra). Mais do que isso, essa representação pode (e deve) ir além da reprodução. Deve ter a qualificação da criação. O homem pode criar a partir da gênese do pensamento (do sonho, do desejo). O símbolo é pensamento qualificado.

Infelizmente, a prática do símbolo é muito pouco desenvolvida. Somos consumistas, imediatistas e impulsivos. Temos a ansiedade de logo resolvermos tudo com respostas rápidas e impensadas.

É muito mais interessante e mais cômodo para quem comanda (determina) que as respostas do "comandado" sejam mecânicas (automáticas). É mais fácil manipular.

Para cada atitude é necessário "parar para pensar", não responder pela ordem e sim pela reflexão, para poder modificar e transformar.

Para que o símbolo realmente ocorra, o processo mental tem que ser mais intenso. Temos a capacidade do pensamento intuitivo. Nossas imagens internas deverão ser despertadas. São elas que nos qualificam como indivíduos, que nos diferenciam uns dos outros. É por meio delas que imaginamos, descobrimos e criamos. Representar simbolicamente é isso (com criação). Transformar o instituído é possível. Transgredir e subverter nos leva à evolução.

Na Educação Infantil (infância) a imaginação é muito forte, é peculiar da faixa etária. A criança encontra-se no período das representações mentais. A recreação pode favorecer o símbolo e auxiliar a criança no seu desenvolvimento.

Sugerimos atividades de recreação onde a criança possa fazer representações no uso de suas linguagens, por imitação e com criação. Exemplo: imitar animais, pessoas, representar histórias, criar personagens, criar novas situações, etc. Ter a condição de incorporar em suas representações a sua imaginação, os seus sonhos e os seus desejos, em um processo de construção mental.

Espontânea

A criança diz tudo o que pensa. Ela é autêntica. Na sua fala e nas suas atitudes não há hipocrisia. Não escolhe o tempo e o lugar. É no momento. O aspecto lúdico da recreação favorece a espontaneidade. Nada melhor do que estar à vontade, de expressar o que se imagina. Pensar e ser o que se pensa.

Respeitar a espontaneidade significa respeitar a liberdade de expressão, de pensamento, de ação. Favorece as hipóteses e as ideias das crianças. Sugerimos oferecer para a criança oportunidades para o seu pensamento intuitivo, ou seja, que ela tenha condições de colocar em prática a primeira ideia que tenha em mente.

Geralmente as atividades já são preconcebidas (predeterminadas), tornando mínima a participação intuitiva da criança. Devemos oportunizar o momento (o presente), os espaços, os materiais, para que a criança, em seu primeiro contato com esses itens, se manifeste segundo o seu pensamento. Sendo assim, poderemos ter novas descobertas, novos jogos, produzidos e elaborados por elas.

Egocentrada

O ser egocentrado não divide nada com ninguém, não considera o outro e muito menos o seu ponto de vista. Tudo o que acontece está em função do seu "eu" (centro de todas as coisas). Uma criança tem o direito da fase egocentrada como todas as outras. Portanto, é necessário descentrar para que essa noção de igualdade se estabeleça. Participando das atividades recreativas, temos a possibilidade do desenvolvimento da identidade, da independência e da autonomia. Passamos por conquistas e dificuldades. Nas conquistas, favorecemos a autoestima. Nos conflitos devemos perceber o outro, entendendo que ele tem suas ideias (seus pontos de vista), as quais deverão ser consideradas e respeitadas.

Descentrar é saber viver em sociedade. É imprescindível para que o coletivo ocorra. Sugere dividir, compartilhar, respeitar e conviver (ações difíceis nos dias de hoje).

Sugerimos, a partir das experimentações individuais, que a criança sinta a necessidade de brincar (recrear) com os outros colegas. Da necessidade do outro vem a possibilidade do descentrar. Atividades em duplas, trios, quartetos, quintetos, etc. favorecem a superação do egocentrismo. Atividade coletiva pode se iniciar por meio das brincadeiras, passando pelos jogos de regras, pelos jogos pré-desportivos e pelos esportes.

Curiosa

Por ser curiosa, a criança está, a todo momento, interagindo com o mundo. Nessas suas relações, está na condição do conhecimento, da descoberta, do novo. O seu repertório de conhecimento é muito pequeno em relação à sua possibilidade.

Para descobrir o novo deverá passar por oportunidades de relações ("todas"). No mundo existe uma diversidade de "coisas" que devem ser exploradas pelo homem. O homem é sujeito desse mundo, deve conquistá-lo e respeitar a sua natureza. A riqueza dessa diversidade é desafiadora. O homem desafiado se inquieta, busca pela sua curiosidade e descobre. Cria o novo.

Recrear com objetos, pessoas, espaços (com diversidade) oportuniza ao homem o contemplamento de sua curiosidade, instigando-o cada vez mais para a descoberta do novo. Isso é possível e vale a pena.

Sugerimos atividades que saiam da rotina. Mesmo em atividades rotineiras, se houver a permissão da curiosidade, o novo será possível. Sendo assim, o conhecimento será ampliado. Diversificar as atividades contribui para o desenvolvimento dessa característica infantil, pois a criança, por meio das diferenças, estabelece relações. Uma mesma atividade pode ser desenvolvida de várias formas, não necessariamente sempre da mesma maneira. Esse procedimento quebra a rotina.

Corpo

O corpo é o primeiro objeto de conhecimento do homem. Ele é rico pelas suas possibilidades de antagonismos e alternâncias. É necessário conhecer o corpo, pois tudo passa por ele. É ele que interage com o mundo, principalmente no sentido de agir sobre e não ficar sujeito de.

É agindo sobre o mundo que podemos construir e transformar.

Antagonismo do corpo

O corpo movimenta-se pela contração muscular. Os músculos são agônicos e antagônicos. Portanto, podem flexionar e estender, subir e descer, arremessar e receber, pegar e largar, afastar e aproximar, entrar e sair, empurrar e puxar, ir e vir, abrir e fechar, etc. Por esse antagonismo, pela possibilidade dos contrários e dos opostos, podemos ter a reversibilidade na ação e, por conseguinte, reversibilidade do pensamento.

Alternância do corpo

O padrão do corpo é alternado-cruzado. Temos dois hemisférios cerebrais (direito e esquerdo). O direito controla o lado esquerdo do corpo. O esquerdo controla o lado direito do corpo. Entre os hemisférios cerebrais, temos o corpo caloso, por onde passam todas as mensagens de um hemisfério para o outro. É a razão e a emoção caminhando juntas.

Quando caminhamos, os movimentos dos braços são alternados entre si. O mesmo acontece com os movimentos alternados das pernas. O movimento dos braços em relação aos das pernas são cruzados.

Esses antagonismos e alternâncias do corpo lhe dá uma riqueza de possibilidades motoras. Além disso, por ser instrumento de movimento, pela sua ludicidade, pode ser um brinquedo instrumento de uma brincadeira.

Ser brinquedo, ser lúdico, são qualidades corporais que abrem um leque imenso para a prática da recreação. Se tivermos consciência disso, não serão necessários outros materiais para as nossas atividades lúdicas. Se os tivermos, melhor.

O corpo fala, tem uma linguagem. Linguagem corporal, que é a primeira do homem. Essa linguagem, bem estruturada na infância, favorece a estruturação das outras (oral, gráfica, artística). A linguagem corporal poderá transformar-se em gesto, se for considerada manifestação do pensamento simbólico. O gesto é a linguagem metafórica do corpo.

O corpo em suas possibilidades já é lúdico. Corpo segmentado, corpo em sua totalidade.

Sugerimos relacionar o todo do corpo com suas partes e vice-versa. As atividades recreativas nos levam ao conhecimento do corpo (esquema corporal). A recreação poderá envolver somente alguns segmentos do corpo, bem como ele todo. Analisando a função de cada segmento nas atividades, amplia-se a consciência corporal. Saber de suas possibilidades de alavanca, de posicionamento, é condição para se ter controle e domínio do corpo.

Saber do corpo e dominá-lo, para uma melhor qualidade de vida. A recreação nos leva à sabedoria a partir do corpo brinquedo, instrumento de brincadeira.

Movimento

Movimento é possibilidade do corpo. É a sua linguagem, o seu gesto. Movimento pode ser definido como contração muscular, energia química transformada em energia mecânica, deslocamento.

Além de tudo, movimento é um processo que tem começo, meio e fim. Fim esse, que será início para novos movimentos. A gênese do movimento está nos sentidos. O corpo interage com o mundo, recebe informações pelo sistema nervoso periférico, por meio de sua via aferente. Essas informações assimiladas nas sensações são encaminhadas ao sistema nervoso central que as percebe, entendendo, codificando e processando essas informações. O sistema nervoso central decide o que fazer com essas informações percebidas, dando início ao processo de resposta pelas vias eferentes, encaminhando-a ao sistema nervoso periférico, propiciando a ação (movimento). Esse é o processo do movimento que envolve sistema nervoso periférico (receptor e efetor) e o sistema nervoso central (decisório).

Em nível cerebral, nos centros dos hemisférios cerebrais, mais especificamente nos gânglios basais, existe a possibilidade de se pensar sobre o movimento. No plano do córtex cerebral, a possibilidade se amplia, no sentido da tomada de consciência.

Portanto, o movimento humano, não necessariamente, tem que ser mecânico (no nível do cerebelo). Ele pode ser pensado (ação com reflexão). Muito mais do que isso, podemos ter consciência desse movimento. Essa é a possibilidade humana.

As atividades recreativas poderão ganhar uma qualidade maior, se percebermos essa possibilidade da tomada de consciência.

Pela consciência do nosso corpo, ou seja, não sabermos somente do corpo pelas suas partes e sim pelas suas possibilidades motoras, podemos, por meio do movimento, entendendo o seu processo, chegarmos à consciência da ação. Movimento e recreação sugerem o fazer brincando. Movimento que dá vida ao corpo o enriquece, lhe mostra possibilidades de interação. Sabermos do corpo e de suas possibilidades motoras transcende o esquema corporal, nos leva ao esquema motor, ou seja, não ter somente consciência do corpo, mas também consciência da ação. Movimento em um corpo lúdico, a partir de suas possibilidades e relações, é ingrediente básico para a brincadeira e, portanto, para a recreação.

Os movimentos intencionais podem dar mais significado a uma brincadeira.

Período sensório-motor

O nosso corpo é sensível. Nós sentimos por meio da visão, do tato, da audição, do olfato e do paladar (cinco sentidos). Essa sensação poderá ser ampliada se nós considerarmos o sexto sentido (a relação harmoniosa dos cinco sentidos). No sensório-motor está a gênese do conhecimento. Sentir os objetos, agindo sobre eles, retirando "todas" as suas informações é o aspecto figurativo do conhecimento.

É necessário agirmos sobre objetos para estruturarmos mentalmente as informações, por meio da percepção (entendimento das informações).

Os objetos deverão ser conhecidos pela sua diversidade: forma, tamanho, cor, espessura, textura, peso, consistência, etc.

O período sensório-motor é fundamental na recreação pois ele é o princípio de tudo. Está presente na faixa etária de 0 a 2 anos, aproximadamente. Portanto, o bebê já pode recrear a partir da exploração do seu sensório-motor. Agir sobre os objetos concretos, no plano tridimensional e real (largura, comprimento e espessura), estabelecendo relações topológicas com eles, para futuras representações virtuais, no plano bidimensional.

No período sensório-motor o pensamento da criança se manifesta principalmente pela linguagem corporal. Sua atenção é despertada pelo seu sensorial. Devemos oferecer objetos coloridos, de tamanhos, formas, texturas e pesos diversificados para que a criança possa, por meio da visão e do tato, manipular, explorar, experimentar essa diversidade. O bebê ao pegar os objetos, geralmente os leva à boca. Isso é conhecimento novo (pelo paladar). Devemos oferecer também, sons diferentes (fala, músicas, instrumentos sonoros, etc.) para que a criança, por meio da audição possa ampliar o seu conhecimento sensório-motor. Aguçando os sentidos, a criança brinca. Manipulando os objetos, a criança recreia.

O sensório-motor pode parecer simples para o adulto, mas para a criança tem uma certa complexidade.

Período das representações mentais

É o período do desenvolvimento que abrange a faixa etária de 2 a 5 anos, aproximadamente.

Considerando as informações assimiladas no período anterior, estruturadas em imagem mental, poderão ser representadas.

Temos o conhecimento sendo construído (ação sobre o objeto) e, ao mesmo tempo, o pensamento sendo estruturado e qualificado simbolicamente. As imagens mentais estruturadas no plano das ideias e das hipóteses darão plena condição para a imaginação, para a fantasia, para o faz de conta do sonho, do desejo e da brincadeira simbólica. Essas ideias elaboradas, relacionadas com o conhecimento anterior (agir sobre objetos) são o aspecto operativo do conhecimento (em nível perceptível). Esse conhecimento estruturado pelo pensamento (simbólico) poderá ser representado de forma criativa nas diversas linguagens (corporal, oral, gráfica e artística).

O corpo em movimento, agindo sobre o objeto de conhecimento de forma lúdica, em atividades recreativas, permite a organização do conhecimento e do pensamento, estruturado simbolicamente, desenvolvendo e enriquecendo a inteligência da criança, enobrecendo essa capacidade inata e a representação nas diversas linguagens propicia a tomada de consciência.

A recreação, nesse sentido, tem um caráter mais significativo, a partir de significantes, e o fazer não acontece só pelo fazer. Teremos um fazer e compreender, com tomada de consciência, com ampliação da sabedoria, para que se consiga viver em condições favoráveis, com muita qualidade.

No período das representações mentais, a criança já tem mais domínio do corpo e da linguagem oral, já descentrou e alguma coisa já escreveu (no mínimo já fez alguns traçados). A possibilidade da brincadeira e da recreação é muito maior. Tudo pode ser representado pelas suas linguagens.

Recrear, brincar de corpo todo, em diversos espaços, com materiais diferentes. Encenar, falar e registrar graficamente o que se tem de conhecimento são atividades adequadas para a faixa etária desse período.

Espaço

Nas atividades recreativas, estabelece-se uma relação com o espaço. Mas, o que é o espaço? Dentro e fora, considerando-se limites? Em cima, embaixo, ao redor, ao lado, em frente, atrás, longe e perto?

Pensando-se em evolução, superação, podemos transcender na questão do espaço, com a possibilidade do infinito. O espaço é o infinito e o homem pode buscá-lo. Em instituições, a recreação poderá ser desenvolvida no mínimo até os seus muros (seus limites máximos). Não se deve confinar crianças, limitando seus espaços, desrespeitando a sua mobilidade. A criança não pode ficar acumulando energias. Elas têm que ser consumidas com liberdade de espaço, de pensamento e de criação.

Ocupar todos os espaços, diversificá-los e instrumentalizá-los. Esse é o caminho para uma recreação mais próxima da condição da criança.

Sugerimos brincadeiras em espaços internos e externos como: salas, pátios, quadras, campos e rampas, explorando todos os seus "objetos". "Objetos" como: aparelhos, planos (retos e inclinados), árvores, muretas, pilares, etc..

Tempo

Nas atividades recreativas estabelece-se também uma relação com o tempo. Mas, o que é o tempo? O ontem, o hoje, o amanhã? O passado, o presente, o futuro? As horas do relógio? O momento? O antes, o durante, o depois?

Pensando-se em evolução, superação, podemos transcender na questão do tempo, com a possibilidade da eternidade. O tempo é a eternidade, e o homem pode buscá-lo. Nas atividades recreativas, o tempo está sempre presente, e poderá ser trabalhado oferecendo às crianças noções desse tempo, que articuladas a noções de espaço, lhe darão condições da construção do real. Na condição humana, o tempo passa e, essa passagem, pode ser preenchida e acompanhada com atividades recreativas e lúdicas. O tempo livre preenchido com a recreação torna a vida mais interessante e prazerosa.

Tempo e espaço. Saber mais sobre eles, recreando e brincando, é uma forma de motivar esse conhecimento tão necessário para o entendimento da nossa existência.

Sugerimos propor relações de brincadeiras com o tempo. Exemplo: brincadeiras do momento com as do passado (ontem, antes) e com as do futuro (amanhã, depois).

Objetos

O corpo relaciona-se com objetos concretos. O agir sobre objetos (interação) implica em experimentação, manipulação e exploração dos seus atributos.

Saber das cores (primárias e secundárias), das dimensões (grande, pequeno, largo, estreito, longo, curto, grosso, fino, etc.), das formas (quadrada, retangular, circular, triangular, cilíndrica, etc.), das consistências (mole, duro), dos pesos (leve, pesado), dos materiais (madeira, borracha, plástico, ferro, etc.), do meio líquido (meio diferente que oferece resistência ao corpo), etc., é de fundamental importância para o estabelecimento de relações. O estabelecer relações favorece a cognição, a inteligência. Todos somos inteligentes. A inteligência é uma capacidade humana que, para ser desenvolvida, tem que ser oportunizada. O agir sobre objetos, nas relações entre eles, implica o conhecimento. Os objetos têm ludicidade. Cada objeto pode ser brinquedo instrumento de brincadeiras. Brinquedos (objetos) diversificados enriquecem as brincadeiras.

Convém perceber nos espaços explorados os diversos tipos de piso (solo) como areia, terra, gramado, cimento, etc. Nos espaços fechados, observar as possibilidades de recreação com os mobiliados: carteiras, cadeiras, mesas, cestos de lixo, bancos, etc.

Sugerimos a recreação com objetos como: bolas, cordas, arcos, bastões, aparelhos de campo, sucata, explorando "todas" as suas possibilidades.

Pessoas

A partir do autoconhecimento, temos a possibilidade da relação com o outro. Ter autoconhecimento significa ter consciência, buscar uma identidade, ser independente, agir com autonomia, gerenciando nossas intenções. Devemos saber dos nossos direitos e responsabilidades.

Contemplados nesses aspectos, estaremos na condição da relação social, buscando entender que o outro tem os mesmos direitos que os nossos e tem que ser respeitado em todos os sentidos. Isso é descentrar, ou seja, considerar o outro nos seus direitos e pontos de vista.

Devemos buscar o desenvolvimento de nossa competência e sermos valorizados por ela, para que nossa auto-estima se mantenha viva. Temos competências diferentes por sermos indivíduos diferentes. O outro deverá ser considerado pela sua competência também.

Todos nós devemos ter o nosso espaço para o desenvolvimento de nossa competência. Viver em sociedade é estar na condição de compartilhar competências. A recreação poderá nos proporcionar essa relação social.

Sugerimos que as crianças brinquem com crianças da mesma idade, de idades diferentes, do mesmo sexo e de sexos diferentes, da mesma raça, de raças diferentes.

A brincadeira (recreação) deverá ter um sentido de inclusão e não de exclusão. Não deve discriminar e sim oportunizar a participação de todos.

Influência cultural

O homem é um ser complexo. Essa complexidade poderá ser explicada pela biologia e pela cultura. Biologicamente falando temos um código genético (histórico genético) que é cultural. Somos da mesma espécie, mas indivíduos diferentes.

Pela biologia, somos dotados de competência, capacidade e potencial inatos que deverão ser desenvolvidos. Do desenvolvimento dessas capacidades, o homem adquire habilidades. O meio está repleto de cultura. Cultura essa criada e determinada pelo homem. Cultura que poderá ser transformada nesse processo de construção, pela condição do homem, em sua interação, de agir sobre ela.

Somos influenciados institucionalmente (família, religião, escola, etc.) pela cultura, por meio de suas tradições, dogmas, conceitos, conteúdos, etc.

O homem tem o direito de ser livre, de liberdade de pensamento, de poder optar pelo melhor para si e para a sua coletividade. Não deve temer o culturalmente determinado. Deve respeitá-lo, mas não necessariamente segui-lo. Tem o direito da interpretação, da criticidade e da criação. Só assim ele evolui, faz nova cultura, e contribui para a ciência.

A recreação faz parte de cultura. Nos espaços livres, nos momentos de lazer, o homem poderá estar buscando outras formas de recreação. O novo sempre é bem-vindo, estimula, emociona, envolve e incorpora.

Sugerimos que se resgate as brincadeiras culturais (folclóricas) como brincadeiras de roda (com cantigas), brincadeiras de rua, etc., e que se crie novas brincadeiras.

Ambiente

O ambiente de recreação deverá ser propício, prazeroso e diversificado. As pessoas deverão participar com envolvimento e com satisfação. Para ser propício, ele deverá ser adequado à prática recreativa com áreas livres que contenham "coisas" da natureza, aparelhado com instrumentos e elementos apropriados à faixa etária.

Deverá ser diversificado nos seus espaços, nos seus elementos, com rotinas flexíveis. Somente com a diversidade que se poderá estabelecer relações e se evoluir no conhecimento.

Para ser prazeroso, o ambiente deverá ir ao encontro às necessidades e interesses dos participantes. Necessidades do brincar, do desejo, do sonho e da imaginação. Interesses de estar presente, de ser ouvido, considerado, de poder participar da elaboração das atividades, de ser mais um componente do grupo, de ser respeitado nas suas ideias e pontos de vista e de também poder ser protagonista.

O ambiente adequado não é só espaço físico, é o espaço que cativa, envolve, desperta interesse, atrai, cria vínculos afetivos, respeita, articula, oferece oportunidades a todos, independente da raça, do sexo, da condição social e política. Nos espaços fechados também poderá ocorrer a recreação. Para isso, basta seguir os princípios acima expostos.

O ambiente dentro dessa perspectiva será rico em possibilidades, em descobertas, em criação e em participação. Recrear em ambiente adequado é uma via interessante para se atender à condição humana de vida.

Coordenação, ritmo e equilíbrio

Coordenação, Ritmo e Equilíbrio são capacidades inatas que deverão ser contempladas nas atividades recreativas.

Atividades de corpo todo que favoreçam a coordenação motora ampla, respeitando-se o desenvolvimento neuromotor (maturação) cefalocaudal, proximodistal (da cabeça para a cauda, do meio para os extremos). Nas oportunidades motoras, a linguagem corporal, que é muito forte na Educação Infantil, vai se estruturando e ajudará a estruturação das outras linguagens. Com o surgimento dessas outras linguagens (oral, escrita, etc.), o controle motor vai ser maior, haverá uma economia de energia e de movimento (inibição motora, dissociação de movimentos), possibilitando à criança a coordenação motora fina.

Portanto, é necessário e fundamental que, por meio da recreação, se oportunize o corpo todo (coordenação motora ampla), para a aquisição de um controle e domínio motor, além da aquisição de novas linguagens.

Temos um ritmo individual que deverá ser respeitado, a partir das frequências cardíacas e respiratórias. As atividades recreativas oferecerão novos ritmos que se articularão aos diversos ritmos individuais, por meio de um processo adaptativo. Ritmo é pulso, é frequência, é harmonia, é som, é música, é movimento, é dança e é recreação.

Equilíbrio é a relação do corpo com a força da gravidade. Nosso corpo está, o tempo todo, sendo atraído (puxado) para o centro da Terra. O nosso ponto de equilíbrio corporal está localizado, mais ou menos, na região do umbigo. A cada deslocamento de corpo todo, buscamos novos equilíbrios. Quanto mais oportunidades motoras, maior a busca do equilíbrio, maior o controle corporal. Controle esse diretamente relacionado com o equilíbrio mental, pois não dá para desarticular uma coisa da outra (o corpo da mente).

Além dessas capacidades citadas, outras poderão ser desenvolvidas por meio da recreação: Força, Resistência, Flexibilidade, Velocidade, etc. Pelo desenvolvimento dessas capacidades físicas e perceptivas, adquirimos habilidades básicas e específicas que são necessárias para a prática da recreação.

Recreação em prol do desenvolvimento pleno (motor afetivo, cognitivo e social), para a aquisição de habilidades que são necessárias para a resolução de questões que a vida nos apresenta.

Sugerimos atividades de arremessar, chutar, correr, saltar, dançar, andar de bicicleta, ficar em posição invertida, amarelinha, pular corda, subir em árvore e em trepa-trepa, balançar, escalar, fazer rolamentos, etc. (coordenação motora ampla). Em seguida, representar graficamente (registro) as atividades acima citadas (coordenação motora fina).

Cognição

Com a diversidade proporcionada pela recreação, a criança terá a possibilidade de estabelecer relações e, com isso, favorecer o seu processo de cognição. Estabelecer relações no sentido de comparar a partir de semelhanças e diferenças, classificando, seriando, ordenando e sequenciando.

Desenvolvendo a cognição, a criança estará sujeita a resolver cálculos matemáticos, estabelecer relações biunívocas, entender reversibilidade, compreender inclusão hierárquica, estabelecer relações topológicas, etc. Mas a cognição não é só isso. Cognição é ter capacidade mental para resolver problemas não só matemáticos, mas de solucionar problemas do dia a dia.

Na cognição não existe só lógica. Aliada a ela está a emoção, o afetivo. Para que haja o processo de cognição é necessário estar envolvido com o objeto de conhecimento de forma afetiva (significante). O envolvimento emocional origina o processo de cognição. Depois, a emoção e a cognição caminham juntas.

Sugerimos que na recreação se relacione o novo com o já conhecido para a organização do pensamento. Jogos de raciocínio, como o de damas e de xadrez, enriquecem o raciocínio. Da mesma forma, todos os jogos em que se tenham que elaborar estratégias (de ataque e defesa – esquemas e sistemas).

Desejo como gênese

Segundo alguns autores, o desejo é a gênese (semente) do pensamento. Pensar sobre atividades recreativas nos leva ao recrear, não só pelo recrear, mas ao recrear com mais significado. Os nossos desejos poderão ser alimentados pela recreação. Desejos atendidos nos motiva para a prática das "coisas". Nos impulsiona para o saber, para a nossa produção para o fazer e, enfim, viver.

O sonho alegra a vida. Vida com felicidade, com prazer.

Bloquear os sonhos significa fechar as portas para a vida.

A recreação pode ser um instrumento voltado aos nossos desejos, aos nossos sonhos. Sugerimos que se considere o querer das pessoas, suas vontades (seus desejos). Respeitar ideias e pontos de vista diferentes. Todos nós temos o direito de nos manifestarmos em relação ao todo da recreação e da brincadeira (elaboração, organização, participação).

Imitação

A criança que se encontra no primeiro nível da infância tem um pequeno repertório de conhecimento, e a imitação é uma forma de se ampliar esse conhecimento. Tudo o que é novo a criança imita (reproduz). À medida que ela se desenvolve, percebe melhor o mundo e o seu conhecimento ampliado não só por meio de imitação. Ele poderá ser qualificado. Poderá ser construído pela imitação diferida, ou seja, pela imitação com criação. Portanto, para a construção do conhecimento é necessário iniciar pela imitação, mas não ficar somente nela, pois a criança, pelo fato de ser simbólica, de imaginar, poderá criar o novo. Recrear com imitação significa reproduzir um modelo. Exemplo: pai, mãe, professor, amigo, colega, animais (bichos), personagens, etc.

Recrear com imitação diferida significa ir além da reprodução de um modelo. Exemplo: imitar um personagem e dar vida nova para ele, além do assimilado pela informação.

Música

Recrear com música significa aguçar a sensibilidade. Saber da música é apreciar a harmonia dos sons. Sensibilizar-se com a música é envolver-se emocionalmente com um momento. Um caminho interessante de recreação musical infantil é oferecer à criança, desde bebê, as diversas "modalidades" musicais (inclusive músicas clássicas). Uma outra possibilidade é apresentar às crianças os diversos instrumentos de bandinha, para a exploração sonora. A partir das combinações sonoras apresentadas, haverá a possibilidade do acompanhamento das cantigas de roda, das músicas conhecidas, etc.

Ouvindo músicas nos horários de lazer, de recreação, somos incentivados em relação aos movimentos do nosso corpo. Somos motivados a acompanhar com o corpo os diversos ritmos musicais. Isso é dança.

Dança

O corpo tem um universo de possibilidades motoras. Ele é rico em movimentos. Ele improvisa, se adapta. Pode até criar coreografias. Na Educação Infantil, a criança está se descobrindo, até em relação aos seus movimentos. Movimentos criados e improvisados que poderão constituir uma dança. Recrear é movimentar-se, descobrir-se, com a possibilidade de ter também, como produção, a dança.

Dançar é, a partir do seu ritmo corporal, buscar novas adaptações rítmicas. A música é o instrumento da dança (favorece o movimento do corpo).

Recrear com a música e com a dança atende necessidades básicas infantis de desenvolvimento.

Brinquedo

O brinquedo é um objeto que pode e deve ser utilizado na recreação. Ele é instrumento de brincadeira. Qualquer objeto pode ser brinquedo, inclusive o corpo. O corpo, que é instrumento de movimento, pode ser brinquedo, instrumento de brincadeira.

A criança tem o poder da imaginação a ponto de transformar qualquer objeto em brinquedo (fantasia, faz de conta, brinquedo simbólico).

O brinquedo também pode ser construído, além dos industrializados (manufaturados) já existentes.

Sugerimos a recreação com brinquedos de pequeno porte, como bola, carrinho, boneca, etc., e de grande porte, como bicicleta, balança, gangorra, etc.

Brincadeira

Onde há recreação existe brincadeira. Na Educação Infantil, o brincar estará sempre presente, pois é brincando que a criança entende o seu mundo. É brincando que ela aprende. Por meio da brincadeira a criança interage com o meio (objetos, pessoas). A brincadeira pode ou não ter regras. Ela oportuniza a imaginação e suas regras são "abertas" e sugere participação mais livre e descontraída, bem dentro do espírito da recreação.

A brincadeira motiva, cativa e envolve, pois é significante. Por ser significante, desperta interesse, permitindo uma maior participação da criança. Sendo assim, a criança dará mais significado para ela.

Existem inúmeras brincadeiras, com ou sem material, de roda, com música, folclóricas, de rua, de salão, faz de conta, individuais, coletivas, etc.. Além das já existentes, novas poderão ser criadas, se a imaginação e a criatividade dos participantes forem respeitadas. A brincadeira favorece a intuição.

Jogo

O jogo tem características lúdicas da brincadeira. Suas regras, no entanto, são mais determinadas e "fechadas". Ela induz o participante um respeito rígido ao determinado, exigindo atenção, controle e raciocínio maior.

Jogo e recreação têm uma relação direta, pois pela sua ludicidade ele é recreativo também.

O jogo tem vencedores e perdedores. É competitivo. Sugerimos que a competição do jogo seja pela competência. Que vença o mais competente. E, ao menos competente desse jogo (perdedor), que se passe novas competências (do vencedor). Sendo assim, o jogo de competição pode ser transformado em jogo de cooperação (solidário).

Acreditamos que esse compartilhar de competências nos leva a um processo de socialização muito pouco praticado nos dias de hoje.

Sugerimos jogos de regras simples, de regras mais complexas, de regras determinadas culturalmente e de regras criadas pelo grupo participante.

Esporte

A prática do esporte formal não é adequada na Educação Infantil. Mas é possível recrear no esporte, desde que ele não tenha um caráter oficial (formal), sendo assim ele se compatibiliza com essa faixa etária. A formalidade do esporte está em suas regras, em seus fundamentos, em suas técnicas de execução e nas estratégias de ataque e de defesa.

Em todas as modalidades esportivas (individuais e coletivas), o recrear se torna interessante, pela sua possibilidade de organização social, pela sua diversidade, pela necessidade de atenção e de concentração dos participantes, pelo envolvimento emocional e afetivo, pelas relações lógicas, pela cognição, pela competição (competência compartilhada), enfim pela possibilidade do desenvolvimento pleno do participante.

Recreação, ludicidade e significado

O lúdico favorece o desenvolvimento de competências, além de ser significante. É importante no processo de socialização, no sentido de compartilhar competências.

Nos primeiros dois anos, a criança joga com a sua condição-motora. É o período da descoberta. Retira os atributos do objeto, desenvolvendo o aspecto figurativo do conhecimento. Após dois anos, com a possibilidade de ter imagens estruturadas mentalmente, joga de forma simbólica, com os seus recursos de imaginação, fantasia e faz de conta.

Para Freire (1992), o jogo simbólico é um espaço onde se podem resolver conflitos e realizar desejos que não foram possíveis em situações não lúdicas, ou seja, no jogo simbólico pode-se fazer de conta aquilo que na realidade não foi possível.

Na recreação, todo aprendizado pode ser lúdico, tratando o objeto de conhecimento como um brinquedo instrumento de brincadeira.

O próprio corpo apresenta ludicidade, pelas suas possibilidades motoras. Podemos ter o jogo em todas as práticas educativas: o jogo do corpo, o jogo da bola, o jogo das palavras, o jogo das letras, o jogo dos sons, o jogo das representações, o jogo das intenções, etc. A vida é um jogo, que, se bem jogado, respeitando-se a condição de seus participantes, favorece a evolução humana.

O lúdico é um instrumento interessante, cativante, envolvente, favorece o conhecimento e torna as crianças mais participativas. Ajuda a desenvolver todos os aspectos do desenvolvimento humano (motor, afetivo, cognitivo e social). Para se chegar ao domínio desses aspectos, são necessárias muita experimentação, muita diversidade e muitas situações desafiadoras. A criança deverá ser considerada em todas as suas dimensões, para que se tenha o entendimento de sua complexidade. Para o desenvolvimento pleno, o processo do conhecimento se faz presente como fator fundamental

Ao interagir com o objeto de conhecimento de forma lúdica na recreação, aquilo que é significante pode ser construído com significado. A interação na recreação é uma forma de comunicação. Na comunicação, o objeto de conhecimento relaciona-se com o emissor e com o receptor. Mas o emissor já foi receptor e, nesse sentido, o objeto de conhecimento, nesse processo de emissão e recepção, pode ou não passar por transformação. Se o receptor não perceber, não interpretar e somente assimilar o objeto de conhecimento, provavelmente irá reproduzir sem transformar. Havendo a percepção e a interpretação, será alimentado pela imaginação do receptor, tornando-o mais rico. A emissão poderá ser efetuada de forma mecânica, com o caráter de indução, não oportunizando o pensamento. Sendo assim, o receptor, quando na sua representação, na certa irá expressar o pensamento do emissor. Se a emissão for desenvolvida em forma de problema, o receptor terá despertado em si o seu pensamento e, antes de representar, acrescentará algo seu, tornando a sua expressão mais significativa.

Na recreação, a expressividade poderá ser criativa. Para isso ocorrer, o objeto de conhecimento deverá ser significante, ou seja, despertar interesse envolvendo e afetando o receptor. Para ser significante, é necessário que tenha um caráter lúdico, como um brinquedo. Mas somente isso não basta. É fundamental que, além de despertar interesse no receptor, provoque inquietações e desequilíbrios.

O receptor, nesse contexto, além de perceber e interpretar, irá buscar, por meio de sua imaginação, soluções para essas inquietações, ou seja, entrar em um processo de construção simbólica. Com isso, na sua expressão, literalmente irá substituir uma coisa por outra. Criará algo novo na sua representação. Dará significado para o que foi processado, garantindo-lhe um princípio estético.

Portanto, para se chegar a um significado, é necessário se iniciar com o significante, passando por um processo perceptivo, interpretativo e imaginário, garantindo o estético.

O princípio estético deverá ser colocado num plano superior, a ponto de poder reger com maestria os demais princípios e valores humanos.

Em contato com as imagens na recreação, a criança vai significando o seu conhecimento. Entre essas imagens estão as letras, os números, que são signos determinados culturalmente. Poderemos também ter outros traçados pertencentes ao desenho e a pintura.

Na recreação lúdica com significado a linguagem motora estrutura, organiza e manifesta o pensamento, passando pelo processo da construção simbólica. O aluno poderá manifestar o seu pensamento por meio da representação das diversas linguagens (oral, gráfica e motora), de forma artística, com expressividade criativa.

Conclusão

Concluímos que é necessário conhecer detalhadamente as características infantis, entender que a criança tem corpo rico em movimento, que ocupa um lugar no espaço, que precisa ter tempo para tudo, que deve ter acesso a todos os objetos, que deve conhecer muitas pessoas, que tem o direito de não ser induzida pela influência cultural, que seu ambiente de convivência deverá ser propício, que sua coordenação é o início de outras coordenações, que seu ritmo deverá ser respeitado, que seu equilíbrio corporal está articulado ao mental, que o seu emocional é a gênese de sua cognição, que seus desejos são prioritários, que a imitação é o início do processo do seu conhecimento, que a música lhe desperta a sensibilidade, que a dança poderá ser sua coreografia criada, que o brinquedo é o seu instrumento de atividades, que a brincadeira é a sua atividade, que o jogo lhe ajuda a entender organização, que o esporte não formal tem princípios que favorecem seu desenvolvimento pleno e que tudo isso dito poderá estar incorporado na recreação.

Referências bibliográficas

ALVES, Ruben. In: *Cenas da Vida*. Campinas, SP, Papirus, 1997.

DE MARCO, Ademir (Org). In: *Pensando a Educação Motora*. Campinas, SP, Papirus, 1995.

FREIRE, João Batista. In: *De Corpo e Alma: O Discurso da Motricidade*. São Paulo, SP, Summus Editorial, 1991.

FREIRE, João Batista. In: *Educação de Corpo Inteiro*. Campinas, SP, Papirus, 1991.

LIMA, Lauro de Oliveira. In: *Piaget para Principiantes*. São Paulo, SP, Summus Editorial, 1980.

PIAGET, Jean. In: *A Formação do símbolo na Criança*. Rio de Janeiro, RJ, Zahar Editores, 1978.

PIAGET, Jean. In: *Tomada de Consciência*. São Paulo, SP, EDUSP/Melhoramentos, 1977.

SALTINE, Cláudio T. P. In: *Afetividade e Inteligência*. Rio de Janeiro, RJ, DP&A Editora, 1997.

SÉRGIO, Manuel. In: *Educação Física ou Ciência da Motricidade Humana?* Campinas, SP, Papirus, 1989.

SÉRGIO, Manuel. In: *Epistemologia da Motricidade Humana*. Lisboa, Serviço de Edições Cruz-Quebrada, 1996.

TANI, Go. In: *Educação Física Escolar: Fundamentos de uma Abordagem Desenvolvimentista*. São Paulo, SP, EDUSP/EPU, 1998.

TONUCCI, Franscisco. In: *Com os Olhos da Criança*. Porto Alegre, RS, Artes Médicas, 1997.

ZABALZA, M. A. In: *Qualidade em Educação Infantil*. Porto Alegre, RS, Artes Médicas, 1998.

Capítulo 3

A Recreação no Ambiente Escolar

Vania Maria Cavallari

Uma das coisas mais difíceis de se encontrar é uma INSTITUIÇÃO ESCOLAR que esteja preparada para trabalhar o conteúdo de todas as disciplinas de uma maneira lúdica e agradável.

Nossa experiência mostra que os profissionais da educação pouco conhecem sobre o lúdico, e que o mais importante é vencer o conteúdo e fazer com que as crianças aprendam a ler e escrever sem que para isso elas tenham o mínimo conhecimento sobre seu próprio corpo.

A maior reclamação dos professores polivalentes – aqueles que trabalham com a Educação Infantil e com o primeiro ciclo do Ensino Fundamental, de primeira a quarta série – é a de que não podem brincar na sala de aula, pois tanto os pais quanto os Mantenedores e os Coordenadores Pedagógicos logo cobram o conteúdo programado.

"Mal sabem estas pessoas que é brincando que se aprende...!!!"

Outra preocupação também é quanto à formação dos professores, que, infelizmente, deixa muito a desejar em relação ao processo de aprendizagem infantil e, principalmente, quais as atividades motoras que as crianças devem desenvolver para que este processo seja enriquecido e, jamais prejudicado.

A escola, de um modo geral, está muito longe das "aspirações dos alunos". Verificamos que significativos setores da intelectualidade brasileira, afastados do povo, a partir de "teorias" elaboradíssimas, definem o que as crianças precisam conhecer, fechando os olhos para a realidade do aluno.

De acordo com Luiz Octávio de Lima Camargo, "... erram os que vinculam as altas taxas de absenteísmo e abandono da escola, no Brasil, a alguma condição peculiar de subdesenvolvimento. O problema é igualmente grave nos países desenvolvidos. Vale mais a pena atentar para os ultrapassados modelos rígidos da escola, cada vez mais contestados. Cada vez mais há, nos estudantes, uma reivindicação de participar na definição do programa escolar".

A escola deveria ser um local de motivação, para a qual as crianças se dirigissem prazerosamente.

Os *famigerados dias de lazer* não deveriam ser impostos pelos calendários escolares, ou reduzirem-se às "festas" que, de uma certa forma, só servem para arrecadar fundos para a APM ou para o Grêmio Estudantil. *O lazer deve existir dentro da sala de aula.*

Quando o professor está envolvido com o seu grupo, ele utiliza a afetividade na apresentação de conteúdos para os seus alunos; isto feito por meio de atividades lúdicas mudará o caráter do processo de ensino e de aprendizagem conferindo-lhe, certamente, uma forma descontraída, agradável e com uma participação ativa e entusiasmada das crianças.

A atividade lúdica não é como outras atividades chamadas *"sérias"*, a criança se empenha em realizá-la pelo prazer que obtém, mesmo que isso demande esforço e até algum sofrimento.

A adoção de atividades da cultura infantil como conteúdo pedagógico facilita o trabalho de professores das escolas ditas *"de primeira infância"*, pois garante o interesse e a motivação das crianças.

A tarefa da escola é promover o fazer unido ao compreender.

Uma proposta pedagógica não pode estar nem aquém, nem além do nível de desenvolvimento da criança. Uma boa proposta, que favoreça esse desenvolvimento, é aquela em que a criança vacila diante das dificuldades, mas se sente motivada, com seus recursos atuais, a superá-las, garantindo as estruturas necessárias para níveis mais elevados de conhecimento.

A escola, para uma grande maioria, é um lugar onde o aluno deve ir, diariamente, para aprender o que muitos professores acreditam que ele precisa saber em relação a conteúdos; porém, se o contexto for significativo para a criança, o emprego do jogo, da atividade lúdica e da atividade motora como qualquer outro recurso pedagógico, tem consequências importantes para seu desenvolvimento.

Algumas observações feitas pelos mais diferentes professores de todas as áreas do conhecimento, fez-nos constatar que eles são fiéis a velhos paradigmas, resistentes às mudanças. Poucos são os que percebem que os alunos aprendem com o corpo inteiro, que precisam se movimentar e ter prazer.

A pedagogia é a teoria e método que constrói os discursos, revelando a prática social dos homens na sociedade onde se dá a educação em um determinado tempo. Portanto, todo educador precisa definir seu projeto político-pedagógico, sua proposta educacional que norteará sua prática de ensino e sua relação com os alunos.

O ensino é compreendido como atividade docente que sistematiza as explicações pedagógicas a partir do desenvolvimento simultâneo de uma lógica, de uma pedagogia e da apresentação do conhecimento científico.

Os currículos não deveriam ser conservadores: sem dúvida, poderiam ampliar a reflexão pedagógica, desenvolvendo nos alunos uma lógica dialética com ênfase no conhecimento técnico, dando conta de uma reflexão ampliada e comprometida, tendo como eixo a constatação, a interpretação, a compreensão e a explicação.

O êxito das aprendizagens está ligado ao trabalho de formação de base. O desenvolvimento psicomotor auxilia na educação, portanto, não deve ser menosprezado. Ter uma perspectiva de preparação para a vida, atualmente, deve ser uma preocupação para que métodos renovadores pedagógicos facilitem o relacionamento professor-aluno e tornem o processo de ensino e de aprendizagem agradáveis para todos. A falta de motivação ou até a forma da apresentação da matéria causa à criança uma excessiva passividade.

A atitude pessoal do educador, influencia demais no estilo de relação desenvolvida pela criança dentro de um grupo; sua preocupação deve ser voltada mais para a relação entre o grupo do que pela aprendizagem da programação da matéria a ser desenvolvida.

A principal ajuda que se pode dar a uma criança é colocá-la em melhores condições para realizar suas tentativas. O professor deve evitar oferecer ao aluno respostas prontas, interferindo assim na pesquisa que a criança desenvolverá ou elaborará. É preciso solicitar e estimular, ao máximo, as possibilidades de invenção e criatividade do aluno.

A exploração de situações lúdicas, pode facilitar a aprendizagem, favorecendo a comunicação, melhorando entraves de inibição, insegurança e até mesmo atrasos de linguagem. Um educador que se utiliza de um trabalho voltado para a imagem do corpo, oferece às crianças melhores condições para a aprendizagem.

Os jogos, as atividades de expressão e motoras, ajudam a criança a se equilibrar, a se comunicar e a cooperar.

Todas as situações de ensino deveriam ser interessantes para a criança. *Como fazer isso é ainda um mistério para os educadores.*

No jogo existe algo "em jogo" que transcende as necessidades imediatas da vida e confere um sentido à ação.

O jogo satisfaz a necessidade da "ação". Para entender o avanço da criança no seu desenvolvimento, o professor deve conhecer quais as motivações, tendências e incentivos que a colocam em ação.

Quando a criança joga, ela opera com o significado das suas ações, o que a faz desenvolver sua vontade e ao mesmo tempo tornar-se consciente das suas escolhas e decisões.

O jogo apresenta-se como elemento básico para a mudança das necessidades e da consciência: quanto mais rígidas as regras dos jogos, maior é a exigência de atenção da criança e de regulação da sua própria atividade. É fundamental o desenvolvimento das regras na escola, porque isso permite à criança a percepção da passagem do jogo para o trabalho.

O jogo, as atividades lúdicas e as motoras usadas como estratégia pelo professor, permitem a viabilização de um trabalho interdisciplinar, onde poderão ser exploradas todas as áreas do conhecimento numa mesma brincadeira.

A brincadeira é o momento em que a criança interage com o mundo. As relações estabelecidas durante a atividade, levam-na a aprender.

Durante o brincar a criança explora o meio que a cerca, aprendendo conceitos inter-relacionados, associados a outras ideias, favorecendo a memorização.

De uma forma acentuada, de alguns anos para cá, a criança aprende menos na escola e mais através dos meios de comunicação que, sem dúvida, exercem mais influência do que o sistema de ensino atual.

O mundo da escola do Ensino Fundamental teria que ser transformado em um mundo concreto de objetos e ações significativas para a criança.

Normalmente, a criança vive brincando; ao entrar no maternal ou jardim da infância, continua brincando, mesmo em sala de aula. À medida que as crianças crescem, a escola torna-se *menos brincadeira e mais trabalho*, menos ativa e mais passiva; no entanto, a criança quer participar ativamente e isso pode ser percebido durante o recreio ou numa quadra de esporte, depois da permanência de uma manhã inteira dentro da sala de aula.

A maior parte do tempo da criança fora da sala de aula, gira em torno de brincadeiras, jogos, atividades lúdicas e motoras.

Por que não centralizar a escola em torno do interesse natural da criança pela atividade? Por que não estimulá-la a aprender com as brincadeiras, atividades lúdicas e jogos ativos? Por que não permitir brincadeiras livres e independentes, ou criar brincadeiras interdependentes e cooperativas?

Este ensaio nasceu da necessidade de oferecer aos professores das mais diferentes áreas do conhecimento, inclusive aos de Educação Física, algumas sugestões de atividades que podem ser trabalhadas dentro da sala de aula ou em qualquer outro espaço físico disponível na escola, visando ao bem-estar do aluno demonstrado pela vontade de voltar no dia seguinte.

Primeiramente, falaremos sobre o professor de Educação Física: este é o profissional *mais bem preparado* para trabalhar com o lúdico no ambiente escolar, porém, ainda, atualmente, se prende ao esporte *propriamente dito* esquecendo-se de que existem muitas coisas mais importantes do que a relação esporte e competição.

Nas escolas onde não há o especialista de Educação Física para trabalhar esta disciplina, cabe ao polivalente, na maioria das vezes leigo, desenvolvê-la.

Sugestões de atividades lúdicas que poderão facilitar ao educador, trabalhar o conteúdo em diferentes áreas do conhecimento, com alegria e prazer:

Atividade de Português

Esta atividade foi desenvolvida na 1ª série C da Escola Nossa Senhora das Graças pela professora Christiane.

Objetivo: Escrever o maior número de palavras.

Todos terão uma folha de papel e lápis na mão. Escreverão na folha a primeira sílaba do seu nome e, ao comando do professor deverão locomover-se pelo espaço procurando uma sílaba de algum colega que juntando com a sua formará uma palavra dissílaba conhecida. Ao encontrar o colega eles se aproximam do professor e mostram a palavra que escreveram.

Repetir a busca, com outro colega e assim sucessivamente até o final do tempo determinado.

Obs.: Se o professor quiser entusiasmar a brincadeira, poderá pontuar cada palavra escrita.

Se estiver muito fácil para o grupo o professor deve pedir palavras trissílabas ou mais.

Atividade para Matemática

Esta atividade foi desenvolvida na 2ª série da Escola Nossa Senhora das Graças pela professora Elaine.

Os alunos estão caminhando pelo espaço e de repente o professor dá uma ordem de comando. Ex.: formar grupos de cinco (5) alunos.

Essa ordem poderá ser dita da seguinte forma: formar grupos com o número de alunos que der o resultado da operação:

3 + 1 = 4 (o grupo deverá ser de quatro (4) pessoas)

6 : 2 = 3 (o grupo deverá ser de três (3) pessoas)

2 × 2 = 4 (o grupo deverá ser de quatro (4) pessoas)

5 - 3 = 2 (o grupo deverá ser de duas (2) pessoas) e assim por diante, aumentando o grau de dificuldade de acordo com seu grupo.

O grupo deverá estar formando um quadrado, ou círculo, ou triângulo ou o símbolo do número quatro (4).

O professor define o espaço que deverá ser percorrido e determina com quantos passos as crianças devem chegar ao final. Ex.: dez (10) passos, oito (8) passos, cinco (5) passos.

Atividade de Geografia

Foi desenvolvida na 4ª série da Escola Nossa Senhora das Graças pela professora Rosana.

Todas as crianças receberam um Estado do Brasil, confeccionado em plástico endurecido com cinco cores diferentes representando cada região do nosso país.

Depois de algumas reflexões, os alunos começam a "quebrar a cabeça" para montar o MAPA DO BRASIL dividido por regiões.

Atividade de História

A professora Teresa, explicou para a 4ª série C da Escola Nossa Senhora das Graças, como foi a Viagem de Colombo, em seguida a classe dividiu-se em três grupos e foram oferecidos vários materiais como: revistas, cola, caneta hidrocor, tesoura, barbante, fita crepe, etc.

Envolvidos pelo entusiasmo da História e por todo o material apresentado, os alunos confeccionaram um cartaz contando a "Viagem de Colombo", terminando com a apresentação de cada grupo.

Atividade de Ciências

A 4ª série C da Escola Nossa Senhora das Graças, comandada pela professora Rosana, conheceu três sistemas do Corpo Humano, que são: Vasocirculatório, Respiratório e Digestório.

Em seguida, para assimilação do conteúdo, a professora confeccionou papeizinhos com as partes dos aparelhos descritos: em vermelho o aparelho vasocirculatório, em verde o respiratório e em azul o digestório. Cada aluno com um papel na mão, deveria sem falar, procurar os parceiros de seu sistema, isto feito, eles deveriam se colocar em ordem como acontece dentro do corpo humano. Primeiramente cada sistema separado do outro e finalmente todos deveriam se juntar formando todo o CORPO.

Atividade de Arte

A professora Sueli junto com a 1ª série B da Escola Nossa Senhora das Graças, resolveu criar uma grande "OBRA DE ARTE", e nada mais interessante que fazer o desafio para os seus alunos, que seriam os ARTISTAS e os MODELOS.

As crianças foram divididas em seis (6) grupos, cada grupo recebeu duas (2) folhas de papel pardo grudadas e pincel atômico da cor que eles escolheram. Em seguida um por um se deitava no papel e os amigos faziam, com o pincel atômico, a silhueta do colega, o outro se deitava por cima e assim por diante.

Após todos terem passado pela mesma situação, os pincéis atômicos foram recolhidos e após ser oferecido giz de cera colorido aos alunos, a ordem foi para que pintassem toda a obra.

Ao final todos os trabalhos foram expostos e apreciados.

Atividade de Educação Física

Todas as séries junto com suas professoras foram para a QUADRA.

As crianças iriam confeccionar um chapéu de jornal porque estavam se preparando para marchar numa festa cívica.

Após a confecção do chapéu, as crianças se colocaram em círculo e ao toque de uma marcha eles se deslocaram fazendo um grande zigue-zague pela quadra.

Tivemos o cuidado de oferecer uma atividade lúdica para cada componente curricular do Ensino Fundamental, pudemos vivenciar junto com os professores da ENSG que quando as crianças BRINCAM, elas ficam mais felizes e melhora a disciplina. Ao mesmo tempo o conteúdo pode ser divertido e alegre.

AGORA, PROFESSOR, É SÓ OUSAR...!!!!!

Referências bibliográficas

CAPON, Jack. *Propostas de Atividades para Educação pelo Movimento*. São Paulo, Manole, 1989.

CAVALLARI, Vinicius Ricardo & Zacharias, Vany. *Trabalhando com Recreação*, São Paulo, Ícone, 1994.

COLL SALVADOR, César. *Aprendizagem Escolar e Construção do Conhecimento*. Porto Alegre, Artes Médicas, 1994.

DAÓLIO, Jocimar. *Da Cultura do Corpo*. Campinas, SP. Papirus, 1995.

DE MARCO, Ademir (Org.). *Pensando a Educação Motora*, São Paulo, Papirus, 1995.

FREIRE, João Batista. *Educação de Corpo Inteiro*, SP, Scipione, 1991.

GEBARA, Ademir. *Educação Física e esportes: perspectivas para o século XXI*, Campinas, Papirus, 1982.

LA TAILLE, Yves de. *Piaget, Vygotsky e Wallon. Teorias psicogenéticas em discussão*, SP, Summus, 1992.

LE BOULCH, Jean. *Rumo a uma ciência do movimento*, Porto Alegre, Artes Médicas, 1986.

MUÑOZ, Luiz Armando M. *Desenvolvimento Motor e suas Implicações na Educação Física Infantil*. Dissertação de mestrado. Escola de Educação Física. Universidade de São Paulo, 1985.

PIAGET, Jean. *A Tomada de Consciência*, SP, Melhoramentos, Edusp, 1977.

PIAGET, Jean. *Psicologia e Pedagogia*, Rio de Janeiro, Forense Universitária, 1976.

PIAGET, Jean. *Seis estudos de Psicologia*, Rio de Janeiro, Forense Universitária, s.d.

PIAGET, Jean. *A Formação do Símbolo na Criança*, Rio de Janeiro, Zahar Editores, 1976.

RODRIGUES, Maria. *Manual Teórico-Prático de Educação Física Infantil*, SP, Ícone, 1993.

TANI, Go, Manuel, Edison de Jesus, Kokubun, Eduardo e Proença, José Elias. *Educação Física Escolar. Fundamentos de uma Abordagem Desenvolvimento*, SP, E.P.U., 1998.

CAPÍTULO 4

O Jogo na Sala de Aula

Maria Ângela Barbato Carneiro

Será que a sala de aula

é um lugar para brincadeiras?

A sala de aula, que espaço é esse?

Quando observamos as salas de aula de nossas escolas deparamo-nos com uma triste realidade que nos leva a questionar que espaço é esse.

As crianças parecem estar continuamente aprisionadas em ambientes tristes e desinteressantes. Tristes porque as paredes são escuras, com pouca iluminação e por vezes pichadas. Desinteressantes, por falta de materiais diversos que possam estimular a imaginação e o fazer infantil e, certamente, contribuir com o desenvolvimento do conhecimento.

Construídas precariamente e sem nenhuma preocupação com a manutenção, especialmente as salas de aula das escolas públicas, mais parecem depósitos de crianças do que locais pensados para que elas se desenvolvam adequadamente.

Além disso, parece que a aula, na representação da maior parte dos profissionais, está circunscrita aos limites de quatro paredes de uma determinada sala, em uma dada instituição. Nela não há lugar para o movimento e menos ainda para a brincadeira.

Mesmo entre as escolas privadas, são poucas aquelas que permitem aos alunos realizarem atividades em ambientes mais amplos fora da sala, oferecendo-lhes inúmeras possibilidades para brincar. Reforçam práticas quase sempre inadequadas, mais preocupadas no desenvolvimento dos conteúdos do que das próprias crianças, faltando muito pouco para colocar pregos de modo a inviabilizar o desprendimento das crianças de suas carteiras, permitindo que elas explorem o espaço e o movimento em sua amplitude.

Certo é que está havendo uma mudança de paradigmas na sociedade e o conhecimento vem ocupando um local de destaque nesse processo. No entanto, o acesso a ele depende de uma educação adequada que possibilite o desenvolvimento de habilidades e atitudes capazes de permitir uma relação mais harmônica entre os homens e entre eles e o contexto em que vivem.

A educação do futuro deverá ser o ensino primeiro e universal, centrado na condição humana. Estamos na era planetária: uma aventura comum conduz os seres humanos, onde quer que se encontrem. Estes devem reconhecer-se em sua humanidade comum e ao mesmo tempo reconhecer a diversidade cultural inerente a tudo o que é humano.

Conhecer o humano é, antes de mais nada, situá-lo no universo e não separá-lo dele (Morin, 2000, p. 47).

Para que ele possa situar-se no universo em que vive, deve ser considerado holisticamente e o seu desenvolvimento harmônico depende, dentre outras coisas, da possibilidade aprender a aprender.

A condição humana exige do homem mais reflexão acerca de si e do mundo e, certamente, um maior conhecimento que ultrapassa os limites de sua própria identidade. É um saber mais amplo e mais universal que se inicia pelo saber ser.

Isso supõe o desenvolvimento de uma consciência crítica capaz de perceber e analisar os perigos decorrentes da homogeneização e da globalização e a necessidade da luta em favor da diversidade, porque nisso está o grande valor da humanidade.

Porém a vida, hoje, mais do que nunca é repleta de incertezas e a humanidade vai vivendo suas aventuras, para as quais o homem deve estar preparado.

Diante desse quadro não se justifica uma educação baseada na passividade do aluno, mas exige-se uma educação mais ativa da qual faça parte o jogo, pois ao lado do prazer que proporciona também favorece o desenvolvimento e a aprendizagem. Isso é fundamental para que o homem possa estar bem consigo mesmo e integrado na sociedade em que vive.

Estar bem consigo mesmo significa desenvolver a sua identidade, conhecer-se como pessoa, perceber seus limites e possibilidades. Isso supõe uma relação mais cooperativa do que competitiva com os outros.

Como conseguir tal desenvolvimento? Não seria ele utópico?

Há que se ter esperança na possibilidade de superação.

Em todo homem existe um ímpeto criador. O ímpeto de criar nasce da inconclusão humana. A educação é mais autêntica quando desenvolve este ímpeto ontológico de criar. A educação deve ser desinibidora e não restritiva. É necessário darmos a oportunidade para que os educandos sejam eles mesmos (Freire, 1982, p. 33).

No entanto, a fantasia e o desenvolvimento da imaginação, características fundamentais da condição humana, se constroem a partir dos materiais existentes no mundo real e, portanto, quanto mais ricas forem as experiências oferecidas às crianças, mais criativas elas serão e, por certo, terão maior facilidade para enfrentar as incertezas do mundo moderno.

Quanto mais intensamente vive uma criança, quanto mais experiências lhe forem propiciadas melhor será o seu desenvolvimento.

É por isso que nos países mais avançados há um movimento crescente no sentido de desenvolver as crianças através da ação e isso pressupõe incluir, entre outras coisas, o jogo, tanto na escola como em sala de aula.

Se durante muito tempo ele foi excluído desses espaços, é preciso recuperá-lo e reintegrá-lo nesses ambientes, não só para torná-lo mais alegre e descontraído, como para oferecer situações mais dinâmicas, interessantes, criativas e desafiadoras para as crianças.

Negar a ludicidade significa negar a natureza humana, porque como já dizia Huizinga (1943), antes do homem ser "faber" ou ser "sapiens" ela já era "ludens".

"A brincadeira, na realidade é o momento, por excelência em que a criança interatua com o mundo" (Carneiro, 1995, p. 28). Durante a sua realização a criança age, pensa, cria, sente, percebe, imagina, enfim, cresce enquanto pessoa.

Assim, por exemplo, para identificar os objetos a criança tem que perceber, observar, sentir, tocar, manipular, explorar, significar. Somente dessa forma estará estabelecendo conceitos e tudo isso é possível na ação de brincar.

Quanto mais desafiadoras forem as experiências e mais ativas as crianças, mais ricas e significativas serão as aprendizagens. Assim, por exemplo, quando uma criança se torna capaz de identificar os objetos que a rodeiam e nomeá-los está formando conceitos, que poderão ser facilitados pela atividade de brincar.

Quando, por exemplo, as crianças brincam de **esconde-de-esconde,** lidam com perdas, além de desfrutarem da possibilidade de explorar o espaço, aprendendo noções de longe e perto, de rápido e devagar, entre outras coisas. Adquirem, ainda, controle do próprio corpo e tomam decisões rápidas para não serem pegas.

Ora, uma criança presa em um banco escolar, jamais teria tantas experiências.

É preciso lembrar que mesmo atividades lúdicas que não necessitam de espaços mais amplos, oferecem oportunidades ímpares para que as crianças aprendam.

O **Jogo de bolinha de gude** é um outro exemplo de complexidade, do ponto de vista do desenvolvimento e da aprendizagem humanas. Envolve um amplo controle motor, medidas precisas, força, habilidade de pensamento, respeito...

A atividade lúdica, portanto, contrariamente do que se supunha vai muito além de um simples gasto de energia, mas envolve o homem na sua totalidade como um ser de relações que é, inserido em um determinado contexto social do qual deve se apropriar, descobrir, entender e significar e por essa razão deve aprender. Por isso "É incorreto conceber o brinquedo como uma atividade sem propósito" (Vygotsky, 1988, p. 116), porque possui como base a percepção que a criança tem do mundo e dos objetos que a cercam, determinando muitas vezes, o conteúdo de suas brincadeiras.

Como para as crianças, especialmente as menores, não há atividade abstrata, toda a compreensão do mundo se faz através da ação que pode ser realizada também durante a brincadeira.

Portanto, é fundamental que o professor conheça o desenvolvimento da criança de modo a respeitar a necessidade que ela tem de brincar, realizando dentro da escola e, sobretudo na sala de aula atividades que possam colaborar com esse processo de modo que ela possa viver, crescer e aprender.

Jogo: conceito e possibilidades

Se partirmos do pressuposto que a brincadeira é importante para a criança, como utilizá-la na escola? E na sala de aula?

Certamente que não é uma tarefa fácil, contudo é importante saber que para realizá-la há necessidade que o profissional conheça as atividades, as tenha vivenciado e que saiba quais as contribuições que ela poderá oferecer ao desenvolvimento da criança, além, é claro, de ter a disponibilidade para realizá-la.

Muitos dos profissionais que hoje atuam nas escolas, não tiveram a oportunidade de brincar. Desconhecem as regras, não possuem repertório de brincadeiras, embora, muitas vezes até possam saber sobre a importância advinda da atividade, numa perspectiva de desenvolvimento humano.

Certo é que no mundo do trabalho parece não haver mais lugar para a brincadeira.

Vivemos, portanto, um momento paradoxal. Por um lado, do ponto de vista do adulto, "parece que a sociedade capitalista descobriu o corpo e entendeu que ele poderia ser seu prazer, desde que devidamente conservado e valorizado, a partir do consumo de inúmeros produtos" (Carlini, 1995, p. 48). Por outro, transformou as crianças em estátuas, tirando-lhes o direito de ir e vir, impedindo-as cada vez mais de brincar.

Assim, enquanto o adulto parece ter que superar seus próprios limites para esculpir seu corpo de acordo com os padrões estéticos atuais, à criança, especialmente na escola, coloca-se ataduras para que não se movimente, não saia do lugar.

Falta preparo aos profissionais que atuam no mercado, mas acima de tudo, falta disponibilidade para mudar.

Ora, se nos primeiros meses de vida do bebê ele está circunscrito ao espaço próximo, determinado fisicamente pelo berço, dada a falta de autonomia, com o tempo ele poderá mover-se medindo as distâncias, deslocar-se de onde está, estabelecendo relações com o mundo. É durante a brincadeira que tais interações se estabelecem, portanto se a criança não puder transpor as grades do berço, jamais terá tais possibilidades. E é isso que ocorre na escola quando, sob a égide da disciplina, elas são impedidas de brincar. Ainda assim tentam, porém nem sempre sabem fazê-lo.

É certo que há pouco esclarecimento em relação ao assunto, até mesmo porque o trabalho assumiu o lugar do brincar, mas o termo tem um significado ambíguo e é bastante complexo.

A palavra brincadeira é usada exclusivamente na Língua Portuguesa e adquire o mesmo significado que jogo[1] em outras línguas. Daí a grande confusão, pois para alguns a brincadeira é mais livre enquanto o jogo tem regras fixas.

Originariamente o jogo esteve ligado à cultura popular, aos ritos religiosos e de iniciação fazendo parte do cotidiano de diferentes povos.

No entanto, a Igreja Católica, por um lado, ao considerá-lo pecaminoso e a sociedade capitalista, por outro ao supervalorizar o trabalho, passaram a desconsiderá-lo, restando um tempo muito pequeno para a sua realização, o que acabou restringindo-o ao período da infância, quando nós adultos permitimos que ele se realize.

Alguns jogos tradicionais que ainda persistem como o **jogo das pedrinhas** ou **cinco marias**, parecem ter surgido para selar o destino das virgens e, portanto estiveram ligados à práticas religiosas sendo praticados por adultos, mas acabaram se modificando ao longo do tempo.

Hoje, restam poucos deles, o **jogo das pedrinhas, amarelinha, caracol, esconde-esconde, roda, cabra-cega, corda, bola, pipa...** Mas com o tempo eles também foram se tornando mais escassos e expulsos das ruas, dos quintais,

---

[1] Jogar e brincar estarão sendo utilizadas como sinônimas.

dos parques e das escolas, quer porque precisavam de espaços mais amplos para a realização, quer pela insegurança existente nas grandes metrópoles e, principalmente pela imposição da cultura do adulto sobre a cultura infantil.

Há, ainda, uma outra situação que impede o uso do lúdico na escola, especialmente na sala de aula, ou seja, é a dificuldade de conceituação o que certamente dificulta a identificação do jogo e do não jogo.

Concordamos, pois, com Solé e outros (1998), para quem o jogo é uma atividade capaz de propiciar prazer e diversão, responde à necessidade de criação e desenvolvimento da imaginação, tem características imediatas, oferece liberdade aos participantes, caracteriza-se por permitir, inúmeras vezes, a simulação, é interessante e motivadora.

Apesar da dificuldade na sua conceituação, estudiosos da Psicologia tais como Wallon (1975), Winicott (1978/1982), Piaget (1978), Vygotsky (1982/1988), Betelheim (1988), da Filosofia como Gadamer (1977), Benjamin (1988), da Sociologia como Brougère (1995/1998) Salles Oliveira (1990/2001) e da Educação como Kishimoto (1993/1994), Carneiro (1992/1995a/1995b/2001), entre outros, vêm apresentando excelentes contribuições mostrando o valor do jogo no processo de desenvolvimento, aprendizagem, socialização e educação da criança.

Tais contribuições têm favorecido o reconhecimento da importância que a atividade assume para o ser humano e a necessidade da sua prática contínua especialmente durante a infância quando contribui sobejamente para o desenvolvimento.

No entanto, não é fácil defini-lo porque dada a polissemia da palavra ela adquire diferentes significados.

Se por um lado para alguns autores o brincar não é sério e parece não ter consequências, por outro, contraditoriamente, ele é extremamente importante e interfere no desenvolvimento humano, portanto embora possamos ter dificuldade para conceituá-lo o jogador sabe quando e porque está brincando.

Há quem diga que o jogo é uma linguagem e muitas vezes a criança dela se utiliza, para expressar suas fantasias, seus sentimentos ou, até mesmo para realizar experiências que não ousaria vivenciar em situações de vida real.

O jogo é, portanto, uma das atividades mais sérias realizadas pelo homem. "Esta seriedade não apenas se liga com a alegria mas *interioriza* a alegria transformando-a em felicidade" (Buytendijk, 1977, p. 77).

O jogo e as diferentes formas de utilização

É importante esclarecer que existem inúmeras formas de jogo usadas, sobretudo na escola, e que os profissionais da educação devem conhecê-las adequadamente, de modo a não confundi-las com o trabalho.

Muitas atividades escolares são apresentadas na forma de jogo. Algumas dessas táticas já eram utilizadas pelos sofistas na Grécia Antiga.

Entre os romanos, Quintiliano, por exemplo, propôs um método lúdico para a aprendizagem das letras.

A partir do século XVII, com a explosão da escolarização nos diversos países, os jogos passaram a ser utilizados no desenvolvimento dos programas.

No final do século XVIII, Froëbel ao criar o Kindergarten, mostrou que o processo intelectual ia além da impressão empírica das coisas, tratava-se de atuar sobre elas com liberdade para favorecer a expressão livre da criança. Na sua trajetória profissional colocou em prática um método de educar, exercitando os sentidos, principalmente o tato, por meio dos jogos.

Também no século XIX, educadores como Montessori e Decroly acabaram ressaltando o valor do lúdico, criando assim, um verdadeiro movimento de inovação metodológica, que acabou embasando a escola nova estruturada no *aprender fazendo*. Dessa forma o lúdico foi introduzido no cotidiano da realidade escolar.

A ideia do jogo enquanto recurso didático a ser utilizado pelo professor em sala de aula, portanto, não é recente e, nesse caso, ele não tem um fim em si mesmo, mas consiste num meio adequado para ensinar determinados conteúdos.

Seu uso parece manter-se vinculado à antiga ideia de disciplina e organização. Ao mesmo tempo em que o aluno é motivado à realizar uma atividade, tem pouca autonomia porque tudo é dirigido pelo professor ao trabalhar os diferentes conteúdos, considerados importantes durante o processo de escolarização.

Para alguns, realizado sob essa perspectiva, deixa de ser um passatempo ou divertimento, para ser encarado como trabalho.

Atualmente, essa parece ser uma das modalidades lúdicas mais observadas na escola, pois para ensinar alguns conhecimentos os professores lançam mão desse tipo de atividade.

Algumas brincadeiras como **o autorama, os bichos, um pé em cada sílaba,** ou **inventando histórias coletivas, bingo da matemática, bingo das flores, história com antônimos** e outras tantas, geralmente são utilizadas pelos professores para o desenvolvimento de conteúdos.

Jogo: o autorama

- **Objetivo:** desenvolver a escrita
- **Conteúdo:** este jogo presta-se ao conteúdo de diversas disciplinas (Língua Portuguesa, História, Geografia, Ciências)
- **Material:** uma cartela para cada participante

- **Realização:** sorteia-se entre os participantes um que escolherá a letra que será a inicial dos nomes pedidos
- Vencerá aquele que terminar primeiro[2]

País	Estado	Cidade	Pessoa	Fruta	Flor	Carro	Parte do corpo

Jogo: os bichos

- **Objetivos:** – desenvolver a atenção
  – identificar os animais
- **Conteúdo:** Ciências/ Animais.
- **Material:** cartões com figuras ou nomes de animais, dois para cada animal (dois gatos, dois cachorros, dois elefantes...).
- **Realização:** o professor distribui aleatoriamente as fichas dos animais aos participantes do jogo. Uma ficha para cada pessoa. Cada criança deverá imitar com o corpo o animal que está na sua ficha.

Dado o sinal, as crianças começam as imitações e saem procurando seus pares.

Cada vez que um par de animais se encontrar, as duas crianças vão formando uma roda.

O jogo deve terminar, depois de serem exploradas várias situações de acordo com o conhecimento demonstrado pelas crianças.

---

[2] Poderá ser atribuído um número de pontos para cada casela e ao final de 5 ou 10 rodadas verificar, quem dentre os participantes, conseguiu obter um maior número de pontos.

Jogo: um pé em cada sílaba

- **Objetivos:** – desenvolver o vocabulário
  – estimular a socialização
- **Conteúdo:** Língua Portuguesa (com variações pode ser usado para Ciências, Geografia, História).
- **Realização:** faz-se no chão o traçado da amarelinha e coloca-se no interior de cada quadrado uma sílaba.
  Ao pular a amarelinha a criança vai ligando as sílabas e descobrindo as palavras.
  As regras são iguais às da amarelinha.

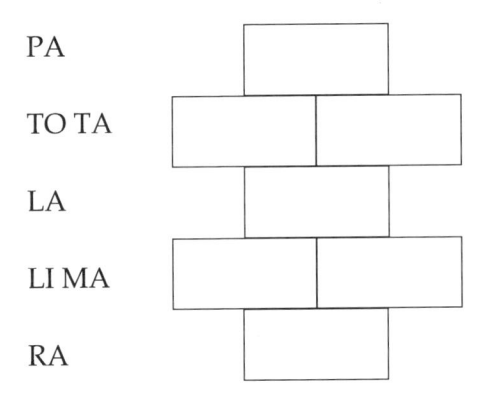

PA

TO TA

LA

LI MA

RA

Jogo: Inventando histórias coletivas

- **Objetivos:** – desenvolver a oralidade
  – estimular a criatividade
- **Conteúdo:** Língua Portuguesa (podendo integrar com Ciências ou História).
- **Material:** um envelope grande de papel ou plástico não transparente contendo retalhos de papel de diferentes tamanhos, texturas e cores.

- **Realização:** as crianças, dispostas em círculo, recebem o envelope, no qual estão contidos os pedaços de papel e dele retiram apenas um. Cada pedaço tirado deve corresponder a uma personagem da história, que cada participante irá criar.

Bingo da matemática

- **Objetivo:** realizar corretamente a operação adição
- **Conteúdo:** Matemática.
- **Material:** – cartelas contendo 24 casas em cada uma um número
  – dois dados
- **Realização:** – distribui-se uma cartela para cada aluno (dupla de alunos)
  – os dados são lançados e confere-se a somatória dos pontos
  – cada participante que tiver o resultado na sua cartela fará a marcação
  – o vencedor será aquele que primeiro preencher seis caselas na horizontal

Bingo das flores

- **Objetivos:** – identificar diferentes tipos de flores
  – socialização do grupo
- **Conteúdo:** Ciências (porém, pode haver integração de outras áreas do conhecimento de História, Geografia, Língua Portuguesa).
- **Material:** folha de papel sulfite e lápis.
- **Realização:** – cada participante receberá uma folha de papel
  – no sentido horizontal, a folha será dobrada ao meio e ao meio novamente

- o mesmo movimento será realizado na vertical deixando o papel com 16 caselas
- os alunos deverão colocar em cada casela o nome de um dos colegas, juntamente com o nome de uma flor por ele escolhida, até preencher todos os quadrados com os nomes das pessoas e suas respectivas flores
- terminada esta etapa um aluno será escolhido para iniciar a chamada e deverá falar um nome de um dos colegas que consta em sua cartela e a flor correspondente
- quem for chamado deverá escolher o segundo nome e a flor correspondente e aí por diante
- vencerá o participante que primeiro completar 4 pontos na horizontal, vertical ou diagonal.

História com antônimos

- **Objetivo:** identificar antônimos
- **Conteúdo:** Língua Portuguesa (poderá ser desenvolvido também na área de Artes).
- **Realização:** narrar uma história de modo que as palavras pronunciadas mais altas pelo leitor e que estão escritas em negrito no texto, deverão ser substituídas por suas antônimas, que se encontram descritas em cartões no chão e que os participantes deverão participar à medida que o conto vai sendo desenvolvido.

História: O menino medroso

Certa vez, Carlinhos, um **menino** muito **desobediente**, mas medroso, sonhou que era **pequeno** e estava **acordado** brincando às margens de um rio, cuja água era **transparente**.

Via os peixes nadarem de um lado para outro, bem como pequenos gravetos e algumas pedras, que eram carregados pela força da água.

Que **maravilha!**

Tudo era muito bonito, mas de repente o menino ouviu um barulho e não tardou a observar que era um belo coelho **branco** que parecia querer lhe falar. Carlinhos se aproximou do animal para tentar acariciá-lo, mas ele rapidamente pôs-se a correr dentro da mata. Correu tanto que o menino não percebeu a chegada da **noite** e que já havia ficado **escuro**.

O medo foi aumentando...

Naquela escuridão Carlinhos começou a ouvir um barulho cada vez mais **forte** e, apavorado, o menino abraçou-se no tronco de uma árvore muito alta ficando imobilizado.

Prendeu a respiração e fingiu-se de **morto**.

Sentiu que, lentamente, algo longo e **gelado** lhe subia pelas pernas. Começou então a gritar e a **chorar**. Foi, então, que **acordou**.

Já era tarde e o **sol** entrava pela janela do seu quarto que havia sido **aberta** por Pompom, seu cachorrinho **magro** e peludo que lambia sua perna, que estava **descoberta**.

Só então percebeu que havia **sonhado**.

Até mesmo jogos como o **dominó**, o **bingo**, os **jogos de percurso**, os *puzzles*, o **banco imobiliário**, o **pega-varetas** e tantos outros, que existem no mercado podem ser utilizados para ensinar determinados conhecimentos deixando de ter um caráter de divertimento para ter uma função didático-metodológica.

"A capacidade lúdica, como qualquer outra, se desenvolve articulando as estruturas psicológicas globais, isto é, não só cognitivas, como afetivas e emocionais, com as experiências que a criança tem. A escola deve ser um lugar que proporcione à criança boas experiências, em geral, e mais concretamente que lhe possibilite a indagação e a construção do seu próprio pensamento e o domínio sobre a ação" (Ortega, 1990, p. 21).

Nessa perspectiva cabe ao professor a decisão, mas não basta conhecer a fundamentação psicológica e entender que eles são motivadores é necessário saber quais os efeitos que tais jogos produzem sobre as crianças e que temas podem ser abordados por eles, caso contrário não terão nenhum efeito.

Existem jogos dirigidos sem a finalidade didática cujo objetivo consiste em oferecer uma ocupação para a criança, ou seja, simplesmente distraí-la. Alguns exemplos de jogos que citaremos a seguir poderão fazer parte dessa modalidade. São eles: a **máquina fotográfica, as três posições, nome e movimento, o que escreve teu amigo, terremoto, marionete falante, caixinha de surpresas, os excluídos...**

Máquina fotográfica

- **Objetivos:** – desenvolver a confiança
    - estimular a percepção visual
    - contrastar percepções
- **Modo de realização:** os participantes devem estar agrupados em pares. Um representa a máquina fotográfica com os olhos fechados e o outro, o fotógrafo, com os olhos abertos.
O fotógrafo deve guiar a sua máquina para fotografar alguma pessoa, objeto, planta ou paisagem. Quando o fotógrafo encontrar algo para registrar, fica na frente do objeto e faz "clic". A máquina abre os olhos durante três segundos e torna a fechá-los.
Esse procedimento pode ser repetido três ou quatro vezes, quando se aconselha que sejam trocados os papéis.

As três posições

- **Objetivos:** – desenvolver a imaginação
  - criar um ambiente descontraído e divertido
  - favorecer a perda do sentimento de ridículo
- **Desenvolvimento:** dividir os participantes em três grupos que previamente devem acordar em três gestos diferentes, por exemplo, imitar uma galinha, cruzar os braços e subir em uma árvore.

  Cada um dos grupos reunidos particularmente escolhe um dos três gestos. Quando todos tiverem decidido se colocam frente a frente e ao sinal do facilitador, cada subgrupo faz o gesto que havia escolhido.

  Quanto mais cômicos forem os gestos, mais divertida será a brincadeira.

Nome e movimento

- **Objetivos:** – desenvolvimento da atenção
  - socialização e integração entre os participantes
- **Desenvolvimento:** os participantes estarão dispostos em círculo. No sentido horário cada um irá falar o seu nome e realizar um movimento. Cada participante deverá repetir o nome e o movimento do colega anterior, antes de fazer o seu.

O que escreve o teu amigo?

- Objetivos: – estimular a criatividade
  - desenvolver a concentração e a atenção
- **Desenvolvimento:** dividir o grupo em pares, com os jogadores colocados uns atrás dos outros.

  O jogador que está na frente começa a escrever no ar com letras grandes. O que está atrás tenta adivinhar o que foi escrito.

  Depois de algum tempo são trocados os papéis.

Terremoto

- **Objetivos:** – desenvolver a socialização
  – criar um ambiente descontraído
- **Realização:** os participantes deverão estar divididos em trios. Dois com os braços levantados farão uma espécie de telhado e o outro ficará entre eles.

  Quando o facilitador chamar – Parede! Movimentam-se apenas a dupla que forma a casa.

  Quando a consigna for – Inquilino! Trocam de lugar apenas aqueles que estão dentro das casas.

  Quando o chamado for – Terremoto! Todos os participantes trocam de lugar.

Marionete falante

- **Objetivo:** desenvolver a criatividade
- **Realização:** trabalhar com os alunos agrupados por pares. Os grupos podem ter mais do que um par. Os participantes devem estar de frente uns para os outros, mantendo uma distância entre si.

  Um representará a marionete, enquanto o outro será a sua voz.

  O aluno marionete cria gestos expressivos e espontâneos enquanto o outro fala, ri, grita...

Caixinha de Surpresas

- **Objetivos:** desenvolver a observação e a socialização
- **Materiais:** – uma caixa de tamanho médio, coberta de papel colorido, com abertura na parte superior
  – tiras de papel em número igual ao de alunos contendo cada uma um conteúdo.

- **Realização:** – organizar a classe em círculo
  - orientar o grupo que a caixa irá passar de mão em mão, sem ser jogada e ao som de palmas ou música
  - quando a música parar orientada pelo professor, a criança que estiver com a caixinha na mão, deverá tirar de dentro dela uma tira de papel e executar a tarefa que nela está descrita.

Os excluídos

- **Objetivo:** desenvolver a integração
- **Realização:** cada participante recebe um número de 1 a 9

Em seguida formam-se nove grupos reunindo pessoas que receberam o mesmo número.

Conforme vai ocorrendo a narração o grupo que possui o número falado, deverá levantar-se e realizar a ação indicada na história.

História

1 homem gostava muito de **CAMINHAR e OBSERVAR ATENTAMENTE, os ACONTECIMENTOS** do seu percurso. Certo dia **CAMINHANDO** em passos ligeiros, parou de repente e **OBSERVOU 2 CRIANÇAS** sentadas na calçada, encostadas, apoiando-se mutuamente. De repente, **8 GATOS SALTARAM** um muro, do outro lado da rua, **MIANDO** como loucos, pois estavam sendo perseguidos por **5 CACHORROS**, que **ROSNAVAM e LATIAM,** alguns com **LÍNGUA DE FORA. 4 HOMOSSEXUAIS,** que passavam naquele momento, **GRITARAM HISTÉRICOS** e assustados. As **2 CRIANÇAS** que **DORMIAM** abriram os olhos, levantaram-se **APRESSADAMENTE** e viram, **3 VELHINHAS** que **CAMINHAVAM LENTAMENTE TRÊMULAS, MEIO CORCUNDAS,** de bengala na mão. Perto dali, **9 CRIANÇAS** brincavam de **RODA** e **8** pulavam corda, sem perceberem o que ocorria. **7 DOENTES** do **HOSPITAL** daquela **RUA, GEMIAM** com várias partes do corpo doloridas. Numa esquina **4 ADOLESCENTES** experimentavam uma **"PICADA"**, puxavam fumo e conversavam. Noutra **ESQUINA 2 PROSTITUTAS "RODAVAM A BOLSINHA"** a espera de clientes. **1 DEFICIENTE VISUAL**, que passava por ali, deixou **CAIR NO CHÃO** a sua **IDENTIDADE** e ficou procurando-a desesperadamente. **8 NEGROS** davam um **SHOW** de **CAPOEIRA**. **9 DESEMPREGADOS** atravessavam a rua, tristes, cabisbaixos e coçando a cabeça. **5 MENDIGOS PEDIAM ESMOLAS** de mãos estendidas para os transeuntes. **3 BÊBADOS** tentavam equilibrar-se após uma bebedeira matinal. **1 FUGITIVO** da prisão local, correu, abaixou-se e escondeu-se no depósito de lixo das proximidades, o cheiro era horrível. **7 POLICIAIS** o procuravam por todos os cantos da rua e já estavam muito cansados. **9 MULHERES FAZIAM UM PROTESTO** contra a exploração das Empregadas Domésticas e algumas pessoas que não foram observadas pelo homem, esperavam até agora para fazer **PARTE** desse *texto*, mas felizmente foram **EXCLUÍDAS**.

Existem também jogos cuja finalidade está em si mesmos, no prazer da sua realização. Geralmente são atividades de livre escolha da criança passíveis de ocorrerem por ocasião do término das tarefas escolares. A **brincadeira de faz de conta**, o **jogo de dominó** sem que se objetive a exploração do conhecimento matemático, **vaca amarela, batalha naval, coelhinho sai da toca, rabo do gato, escravos de jó...** são exemplos típicos dessa modalidade lúdica.

Nesses casos o jogo faz parte do mundo infantil e, portanto, deve ser vivenciado pelas crianças.

Vale a pena lembrar, porém, que a brincadeira não é inata, ela é resultado de costumes e crenças populares, portanto depende de aprendizagem, que certamente, supõe o convívio social com adultos e crianças.

Nesse caso, não é função do educador controlar ou vigiar as atividades, mas observar os pequenos nas diversas situações lúdicas e quando perceber que eles não sabem, é importante ensiná-los a jogar.

Daí a relevância do papel que o adulto assume como parceiro da criança, permitindo que ela escolha as atividades e, portanto, se desenvolva autonomamente.

Outra forma de utilização do lúdico é a do jogo planejado, nesse caso ele é utilizado com a finalidade de promover o desenvolvimento e a aprendizagem da criança. Existem, dessa forma, objetivos explícitos que permitem a criação de contextos ou cantos, previstos para serem utilizados durante um certo tempo, oferecendo uma variedade de situações, nas quais o jogo se constitui em uma atividade principal. Isso possibilita diversas experiências, que contribuem para o desenvolvimento de capacidades variadas.

É importante que esses espaços estejam dotados com uma variedade de materiais de modo a permitir o desenvolvimento do jogo pela criança, portanto, podem existir jogos didáticos, jogos de construção, jogos de experimentação, jogos de exercício, jogos simbólicos e jogos de regras.

Dentre os jogos didáticos estão dominós de números e de formas geométricas, material dourado, tangran, blocos lógicos, palavras cruzadas, jogos de memória...

Os jogos de construção são muito ricos porque se prestam tanto para a exploração e manipulação dos materiais como para a criação das regras e o desenvolvimento da fantasia. Entre eles podemos encontrar o lego, pinos mágicos, ligue-ligue, playmobil, pequeno construtor...

Os jogos de experimentação estimulam a descoberta e, portanto, são desafiadores. Nessa categoria encontram-se laboratórios, poliopticon, caleidoscópio...

O prazer que o movimento desperta, desde muito cedo, na criança é grande. Talvez seja essa uma das razões que as leva a preferir objetos que se movimentam e produzem sons. Os egípcios, por exemplo, tinham bolas de argila com pedrinhas no interior para entreter suas crianças. Nesse grupo encontram-se, entre outros objetos de caráter lúdico, a bola, a peteca, o pião, o bambolê, a corda, o chocalho, carrinho de rolimã...

Os jogos simbólicos têm um grande valor especialmente do ponto de vista do desenvolvimento, pois são a prova viva da imaginação em ação. Fazem parte desse universo os objetos da casinha, bonecos variados, fantasias, carrinhos, super-heróis.

Quanto mais velhas as crianças mais variedade deverá existir de jogos de regras. Dentre eles encontram-se os jogos de damas, os palitos chineses, o xadrez, os jogos de percurso, a trilha, cartas, o banco imobiliário, or e tantos outros...

Além disso, é importante a existência de livros que contenham tanto figuras, quanto figuras e texto porque enriquecem o faz-de-conta.

Uma sala de aula montada com esse perfil certamente atenderá aos anseios da criança e será um local alegre e motivador.

No entanto, gostaríamos de ressaltar neste artigo, um pouco mais a importância do movimento corporal, porque os jogos que dele se utilizam são os mais desprezados, talvez devido à falta de espaço.

Brincando com o corpo

Ao andarmos pelas ruas de nossas cidades, vemos que faltam nelas a alegria e os sorrisos das crianças que, como pássaros comemorando a chegada da primavera, saiam de suas casas para nelas encontrarem seus amigos e brincar.

A preocupação com as crianças e o desaparecimento de suas brincadeiras não é recente. A famosa obra *Jogos infantis*, do pintor belga Pierre Brueghel (1560), parece nos alertar para tal perigo ao tentar representar as atividades das crianças flamengas no século XVI. Sua ousadia tornou-se clara ao conceber e pintar em sua famosa tela um local imaginário que parecia emanar alegria, onde os príncipes eram crianças e não havia lugar para os adultos. Um enorme espaço ao ar livre contendo meninos e meninas, mostra que se divertiam isolada ou coletivamente, sem que nada pudesse tolher sua liberdade de movimentos.

As casas com seus alpendres, as amplas portas e janelas abertas e a natureza, serviam como palco para as aprendizagens infantis, pois a liberdade e a criatividade que as crianças podiam desfrutar manifestavam-se na alegria e no prazer de brincar.

Em todo espaço da obra estão registradas 84 brincadeiras, envolvendo 168 meninos e 78 meninas, num total de 246 crianças se movimentando, não havendo diferença entre a classe social ou a idade entre elas. Nela aparecem desde as *bonecas*, como objetos fantásticos, que por séculos encantaram as crianças, até *bolinhas de sabão* que os pequenos nem mais sabem fazer.

Das atividades que podem ser observadas na obra persistem, ainda, *a pipa*, que, rebelde, parece querer fugir em busca de liberdade e ainda é comum nos dias de muito vento, *o jogo das pedrinhas* ou *cinco marias*, como é conhecido por sua prática milenar, e *o pião*, que longe de apresentar fieiras de corda ou barbante, sofistica-se com luzes e sons produzidos pelo seu movimento e mais algumas outras.

A maior parte delas desapareceu, levando consigo muito da cultura popular e os encantos de uma infância alegre, livre e criativa.

As brincadeiras se realizavam em uma rua de terra batida onde havia árvores, água, construções e foram enfocadas de tal maneira, que o autor parece ter colocado seu cavalete de pintura no alto de uma casa, permitindo-lhe uma visão ampla de todas as atividades, que embora realizadas em espaços singulares, produziram em sua obra um efeito único.

O artista nos mostrou que jogar não consiste apenas em explorar as capacidades das crianças, mas conhecer as capacidades das coisas e dos seres com os quais se relaciona.

Hoje, a TV, o vídeo e o computador têm substituído os jogos e as brincadeiras de outrora. Tais objetos, longe de estimular a socialização e a colaboração, têm contribuído para incentivar o individualismo e a competitividade.

Assim, dentre os malefícios da vida moderna está, portanto, a sedentarização da criança. Passa o tempo apertando botões ou manipulando comandos, vive sozinha, não aprende a cooperar.

O movimento corporal faz parte integrante do desenvolvimento humano, sem o que a inteligência fica aprisionada e, como tal deve ser respeitado. Temos, hoje, um novo conceito de motricidade, advindo a partir dos estudos de Wallon (1975), que mostrou a relação entre o desenvolvimento fisiológico e intelectual e que demonstram a importância da ação nesse processo. Segundo o autor, "o movimento é tudo o que pode dar testemunho da vida psíquica da criança e traduzi-la completamente, pelo menos até ao momento em que aparece a palavra" (Wallon, op. cit, p. 75). Assim, antes de poder falar a criança se expressa por uma linguagem gestual e corporal, manifestando suas necessidades, desejos e emoções.

Se, nos primeiros meses de vida ela está circunscrita ao espaço próximo, determinado fisicamente pelo berço, com o tempo ela pode medir autonomamente as distâncias, sair de onde está e mover-se no espaço, estabelecendo relações com o mundo. Compreendido isoladamente do mundo, sem que com ele se estabeleçam relações o corpo é apenas um ente abstrato distante da realidade concreta, um ser estático, praticamente sem vida. Por essa razão, podemos entender a motricidade humana como o desenvolvimento físico, psíquico e intelectual que produz através do movimento.

O brincar é ação, é movimento. "Ele não é somente a forma que põe em prática a existência, mas é a própria existência" (Carneiro 1992, p. 74). Portanto, quando a criança brinca possibilita o descobrimento de suas capacidades de controle, coordenação, percepção e exploração dentre tantas outras.

Por isso, é importante que ela realize o movimento em sua plenitude, especialmente durante as brincadeiras e mais ainda, a participação do adulto nesse processo é fundamental para que ela se sinta valorizada. Vale a pena lembrar que os jogos infantis, geralmente requerem mais do que um jogador e, portanto, estabelecer com elas parcerias significa ajudá-las a se desenvolver, ver as coisas sob a perspectiva infantil e entendê-las melhor.

Referências bibliográficas

BENJAMIN, W. *Reflexões: a criança, o brinquedo, a educação.* São Paulo, Summus, 1988.

BETTELHEIM, B. *Uma vida para seu filho.* 11ª imp. Rio de Janeiro, Campus, 1988.

BROUGÈRE, G. *Brinquedo e Cultura.* São Paulo: Cortez 1995.

BROUGÈRE, G. *Jogo e educação.* Porto Alegre: Artes Médicas, 1998.

BUYTENDIJK, F. J. *O jogo humano.* In: GADAMER, V., Nova Antropologia, São Paulo, EPU/EDUSP, 1977, vol. 4., pp. 63-85.

CARLINI, A. L. *A educação e a corporalidade do educando.* In: *DISCORPO n° 4,* 1995, pp. 45-60.

CARNEIRO, M. A. B. *O jogo: um processo dialético.* In: *EDUCAÇÃO: reflexão/transformação n° 1.* São Paulo. Revista da Faculdade de Educação. 1992, pp. 71-78.

CARNEIRO, M. A. B. *Aprendendo através da brincadeira.* In: *ANDE n° 21,* 1995, pp. 27- 33.

CARNEIRO, M. A. B. *O jogo e a aprendizagem.* In: *DISCORPO n° 5,* 1995, pp. 55-63.

CARNEIRO, M. A. B. e MARTIN BRIS, M. *Brincando com o corpo.* In: *DISCORPO n° 19,* 2001, pp. 49-59.

FREIRE, P. *Educação e mudança.* 5ª. ed., Rio de Janeiro, Paz e Terra, 1982.

HOHMANN, M.; BANET, B. e WEIKART, D. *A criança em ação.* 4ª. ed. Lisboa, Fundação Calouste Gulbenkian, 1995.

HOHMANN, M. e WEIKART, D. *Educar a criança.* Lisboa, Fundação Calouste Gulbenkian, 1997.

HUIZINGA, J. *Homo ludens.* Lisboa, Azar, 1943.

KISHIMOTO, T. M. *Jogos infantis:* o jogo, a criança e a educação. 4ª. ed., Petrópolis, Vozes, 1993.

KISHIMOTO, T. M. *O jogo e a educação infantil.* São Paulo, Pioneira, 1994.

MORIN, E. *Os sete saberes necessários à educação do futuro.* São Paulo, Cortez, 2000.

ORTEGA, R. *Jugar y aprender:* una estrategia de intervención educativa. 1ª ed., Diada, Sevilla, 1990.

PIAGET, J. *A formação do símbolo na criança.* 3ª ed., Rio de Janeiro, Zahar, 1978.

SALLES OLIVEIRA, P. *O lúdico na cultura solidária.* São Paulo, Hucitec, 2001.

SOLÉ, I., BASSEDAS, E. e HUGUET, T. 3ª ed. *Aprendre i ensennyar a l'éducatió infantil,* Graó, Barcelona, 1998.

VYGOTSKII, L.S. *A formação social da mente.* 2ª. ed., São Paulo, Martins Fontes, 1988.

VIGOTSKII, L. S., LURIA, A. R. e LEONTIEV, A. N. *Linguagem, desenvolvimento e aprendizagem.* São Paulo, Ícone, 1988.

VIGOTSKII, L.S., *La imaginación y el arte en la infancia.* Madrid: Akal Basillo, 1982.

WALLON, H. *Psicologia e educação da infância.* Lisboa, Estampa, 1975.

WINNICOTT, D. W. *O brincar & a realidade.* Rio de Janeiro, Imago, 1978.

WINNICOTT, D. W. *A criança e o seu mundo.* 6ª ed., Rio de Janeiro, LTC, 1982.

Capítulo 5

A Brinquedoteca: mais uma opção de recreação!

Arimary Alencar Boccoli

Onde tudo começa...
Casa de brinquedos
(Toquinho/Fernando Faro/*declamado por Dionísio Azevedo*)

Chegamos, filho.
É aqui. Prepare-se.
Aqui você vai descobrir um vale encantado
Vai chegar na caverna misteriosa
E vai conhecer o estranho
Laboratório do cientista louco.
E eu queria lhe dizer uma coisa.
Não esqueça, filho.

Uma rosa não é uma rosa. Uma rosa é o amanhã,
Uma mulher, o canto de um homem.
Uma rosa é uma invenção sua.
O mundo é uma invenção sua.
Você lhe dá sentido.
Você o faz bonito.
Você o cobre de cores.
Um brinquedo, o que é um brinquedo?
Duas ou três partes de plástico, de lata...
Uma matéria fria, sem alegria, sem história...
Mas não é isso, não é, filho?
Porque você lhe dá vida,
Você faz ele voar, viajar...
Vamos, filho.
Sabe que lugar é esse?
É um lugar de sonhos.
Uma casa de brinquedos.
Vamos entrar!

O que é brincadeira

BRINCADEIRA: refere-se, basicamente, à ação de brincar, ao comportamento espontâneo que resulta de uma atividade não estruturada. Por exemplo: quando a criança brinca de faz de conta (papai e mamãe, médico, de fazer compras) ela está usando o seu imaginário e imita o real. Neste caso, não estipula regras: a organização da brincadeira vai acontecendo com o desenrolar desta, podendo ou não usar objetos para realização dela. É através da brincadeira que nos desenvolvemos e nos justificamos como atores e autores inseridos no Universo.

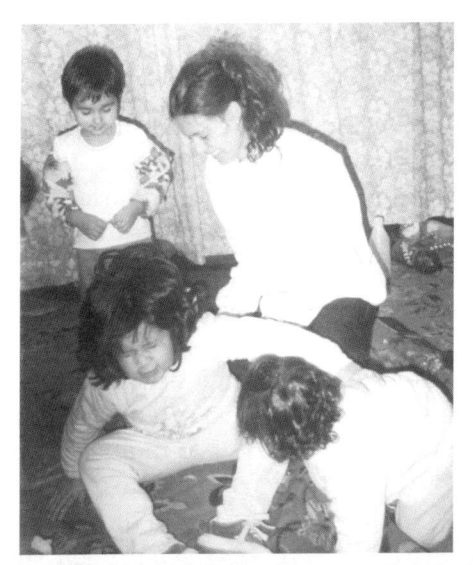

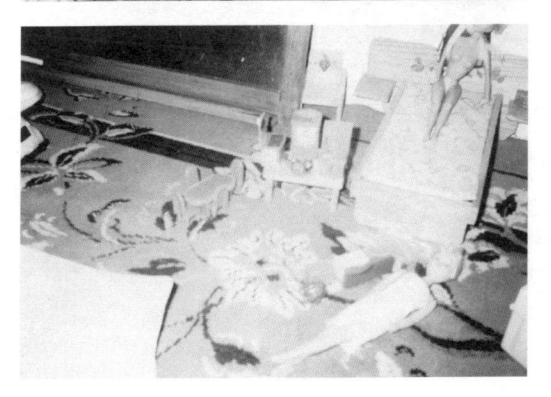

O que é brinquedo

Brinquedo é tudo o que for utilizado para uso da brincadeira, assim como o poema citado "um brinquedo... o que é um brinquedo? Duas ou três partes de plástico, de lata... uma matéria fria, sem alegria, sem história, mas não é isso..., porque você lhe dá vida, você faz ele voar, viajar..."

Assim, o brinquedo é algo com que a criança se envolve, emocionalmente, e interage de forma viva e real. Precisamos valorizar os brinquedos naturais; um destes com o qual o ser humano inicia seu ato de brincar, desde

o momento do seu nascimento, é seu próprio corpo, que se constitui em seu primeiro momento do ato de brincar; a busca de objetos que manipulará se constitui em instrumento rico para o seu processo de desenvolvimento e para um aprendizado mais consciente.

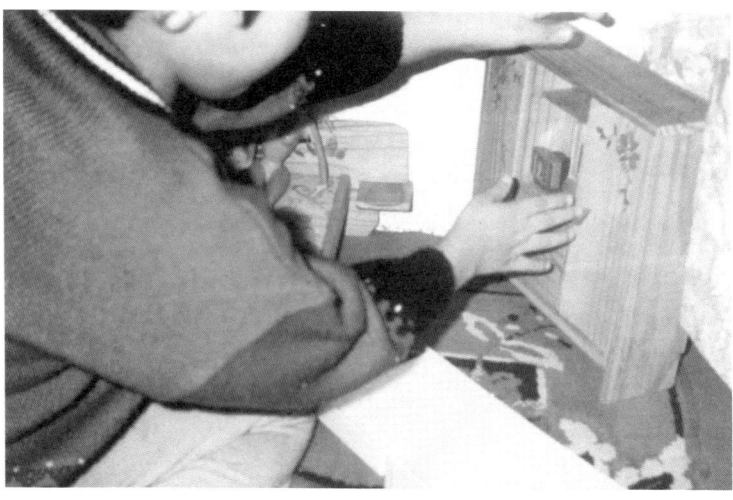

A importância do brincar

Brincando se aprende mais e melhor.

O prazer e o encantamento do ato de brincar precisam ser resgatados no adulto e na criança.

Temos que ter claro que a atividade lúdica, o jogo, o brinquedo e a brincadeira são essenciais no desenvolvimento e na educação da criança, uma vez que partimos do pressuposto de que é brincando e jogando que a criança ordena "o mundo à sua volta", assimilando experiências, informações, e assim, incorporando valores.

Ao brincar, a criança fica tão envolvida com o que está fazendo, que coloca na ação seu sentimento e sua emoção. O jogo, assim como a atividade lúdica, é um elo integrador entre os aspectos motores, cognitivos, afetivos e sociais, pois jogar é uma atividade natural do ser humano.

Gostaríamos também de ressaltar que o êxito do processo de desenvolvimento depende, em grande parte, da integração adulto/criança; tal processo deve ser, antes de tudo, um facilitador – criando condições para que a criança

explore seus movimentos, manipule materiais com seus companheiros e resolva situações- problema.

Por isto, devemos valorizar o brincar como fator principal para o processo de desenvolvimento na constituição do sujeito.

Desde os tempos do surgimento da humanidade, busca-se, através de brinquedos, justificar a presença e a necessidade de entender a interação do indivíduo com o Universo.

A importância do brinquedo

"Os brinquedos são meios intermediários entre a realidade da vida, que a criança não pode abarcar, e a sua natural fragilidade" (Seguin).

É através do brinquedo que a criança experimenta situações desafiadoras, onde tem possibilidade de soltar sua imaginação e desenvolver a criatividade. Para que o brinquedo seja significativo para a criança, é preciso que tenha ponto de contato com a sua realidade; sendo assim, ela trabalha não só para atingir objetivos, mas pelo prazer de experimentá-lo e de lidar com ele.

Com tudo isto, o brinquedo estará desenvolvendo na criança:

- desenvolvimento em aprendizagem;
- inteligência e concentração da atenção;
- desenvolvimento da linguagem;
- desenvolvimento da sociabilidade;
- a relação criança × brinquedo × adulto.

Desenvolvimento em aprendizagem: o brinquedo é oportunidade de desenvolvimento: a criança experimenta, descobre, exercita e confere suas habilidades. Quando manipula o brinquedo, ela tem oportunidades desafiadoras, que a colocam frente a situações-problema; a busca de soluções e alternativas proporciona-lhe uma participação ativa.

Inteligência e concentração da atenção: manipulando o brinquedo, estará a criança usando de sua inteligência; isto possibilitará o exercício de atenção e de concentração, levando-a a absorver-se na atividade.

Desenvolvimento da linguagem: a criança, em contato com o brinquedo em primeiro lugar, faz um discurso interno, organiza-o verbalizando-o em uma atividade dialógica com outros, tem a possibilidade de ampliar seu vocabulário, introduzindo, assim, novos conceitos.

Desenvolvimento da sociabilidade: é através do brincar que a criança interage nas relações cognitivas e afetivas com seus iguais, adquirindo o amadurecimento emocional, construindo a sociabilidade infantil.

A relação criança × brinquedo × adulto: Normalmente, é importante a forma de introduzir o brinquedo à criança. É o adulto que introduzirá o brinquedo, proporcionando oportunidades para que ela veja coisas interessantes e respeitando seus momentos de descobertas; assim, ela poderá desenvolver sua capacidade de conceito, tornando o brinquedo mais estimulante e rico para o aprendizado.

"O brinquedo é alimento para fome de conhecer da criança"

Porque a brinquedoteca é uma opção de recreação

Recreação: é o fato, ou o momento, ou a circunstância que o indivíduo escolhe espontânea e deliberadamente e através do qual ele satisfaz (sacia) seus anseios voltados para seu lazer (Cavallari, 2001, p. 15).

A brinquedoteca foi criada para as crianças que, em nome do progresso de nossa civilização, perderam o espaço e também o tempo para brincar.

Precisamos de elementos, de materiais e definindo:

- quais os critérios;
- clientela;
- saber o que querem;
- atender outros critérios (relação de material que se utiliza).

Oferecer às crianças oportunidades de um espaço de convivência que propicie interação espontânea e desprovida de preconceitos, onde estas cheguem para brincar, resgatar brincadeiras e para compartilhar momentos de alegria. É um lugar onde tudo convida a explorar, sentir e experimentar, realizar sonhos, desmistificar fantasias ou, simplesmente, estimular crianças a brincar livremente. A criança tem a oportunidade de descobrir-se e trazer à tona suas capacidades e habilidades específicas, desenvolvendo-se de forma integrada nos aspectos: cognitivos, afetivos, físico-motores, morais, linguísticos e sociais.

Objetivos da brinquedoteca

- criar um espaço para expressão da cultura infantil e integração social;
- propiciar encontros entre jogadores de todas as idades;

- oferecer múltiplas atividades que enriquecem a experiência infantil;
- oferecer um espaço para o desenvolvimento de brincadeiras;
- valorizar o brinquedo e as atividades lúdicas e criativas;
- possibilitar o acesso à variedade de brinquedos;
- estimular o desenvolvimento global das crianças e

- enriquecer as relações familiares.

O que é esse espaço?

Sendo um ambiente que estimula a criatividade, deve ser preparado de forma criativa, com espaços que incentivem a brincadeira, a dramatização, a construção, a solução de problemas, a socialização e a vontade de inventar.

JOGO: *trata-se de uma brincadeira que envolve regras.*

BRINQUEDO: *refere-se ao objeto de brincar.*

ATIVIDADE LÚDICA: *abrange, de forma mais ampla, os conceitos anteriores.*

Estrutura da atividade lúdica

Destacamos cinco aspectos:
- tempo e espaço;
- os jogadores;
- os objetos e/ou brinquedos;
- o sujeito;
- uma relação meio/fins.

Com estas citações sobre brinquedoteca, podemos aproveitar as oportunidades que estes espaços proporcionam para os que se utilizarão desta opção de recreação e tenham momentos de total descontração.

Como podemos aproveitar os espaços

Temos vários momentos que podemos considerar como um espaço reservado para a brinquedoteca, pois ela não se restringe, somente, a locais fechados, mas a todos os outros em que podemos ter a criança brincando e trocando experiências com seus pares, com os adultos e com o mundo que a cerca.

O parque

Que espaço é este que temos?

O espaço do parque, quer seja pequeno ou grande, quer tenha muitos ou poucos brinquedos – gangorras, balanços, escorregadores, gira-giras, poços de areia, árvores, espaços gramados, ou até mesmo piscina – é o local em que temos grandes possibilidades de observar como a criança o utiliza e podemos fazer intervenções, garantindo que haja momentos de aprendizado enriquecedores.

Apesar deste momento ser um no qual a criança esteja livre para brincar, o educador deverá observar este brincar e, à medida que houver oportunidades, fazer intervenções educativas para que os seus conceitos sobre o cotidiano ocorram de forma organizada. Qualquer que seja o espaço, este deve destacar o caráter lúdico e prazeroso, apresentando aspectos significativos sobre o ato de brincar, como:

- o brincar como ato transdisciplinar;
- o brincar conduzindo à autorrealização;
- o brincar conduzindo e propiciando relações interpessoais;
- o brincar se utilizando de diferentes linguagens e, principalmente, tendo um caráter de tolerância com os diversos códigos usados para a comunicação;
- o brincar favorecendo troca entre as relações interpessoais.

Mais importante do que ensinar uma criança é permitir que ela descubra, construa e reinvente por si! Com isto, estamos contribuindo para um aprendizado permanente.

Como podemos utilizar a brinquedoteca na recreação?

Descrevemos vários momentos sobre a brinquedoteca e, como podemos notar, ela se tornou uma grande opção para a recreação, pois tanto a criança como o adulto se beneficiarão com os espaços que dela se utilizará.

Referências bibliográficas

COLETÂNEA DE AUTORES: *"O Direito de Brincar": a brinquedoteca/* Adriana.

FRIEDMANN...[et al.] - São Paulo: Scrita: ABRINQ, 1992.

CUNHA, Nylse Helena da Silva: *"Brinquedo, Desafio e Descoberta"*, Ed. FAE, 1990.

FRIEDMANN, Adriana. *A Arte de Brincar*. Editora Scritta, 1995 – (Brincare) – .

MRECH, Leny Magalhães. *Psicanálise e Educação: novos operadores de leitura*. São Paulo, Editora Pioneira, 1999.

VAYER, Pierre. *O Diálogo Corporal*: a ação educativa para a criança de 2 a 5 anos. São Paulo, Ed. Manole, 1984.

VIGOTSKI, L. S. *A Formação Social da Mente*: O Desenvolvimento dos Processos Psicológicos Superiores. São Paulo, Ed. Martins Fontes, 1996.

CAVALLARI, Vinicius Ricardo e Vany Zacharias. *Trabalhando com Recreação*. São Paulo, Editora Ícone, 2001.

WINNICOTT, D. W. *O Brincar & a Realidade*: Rio de Janeiro, Imago Editora, 1975.

CAPÍTULO 6

O Esporte Como Meio de Recreação

Prof. Dr. Roberto Rodrigues Paes
Prof. Ms. Hermes Ferreira Balbino

Introdução

Este artigo tem como ideia central discutir o jogo levando-se em conta suas possibilidades de práticas na perspectiva da ocupação do tempo livre. Entretanto, considerando a pluralidade do jogo (motivações, intenções, significados, objetivos e formas) pretende-se, ainda que de maneira introdutória, compreendê-lo como um dos facilitadores no processo de desenvolvimento das diferentes competências de quem joga; pretende-se ainda analisar o jogo como um dos conteúdos do lazer e, neste contexto, abordá-lo como um dos fatores significativos para a melhoria da qualidade de vida do ser humano.

O ser humano quando joga mostra-se de forma verdadeira. Sendo assim, o jogo permite, entre suas múltiplas funções, promover intervenções e transformações no "jogador". Ao discutirmos o jogo, precisamos ter claro que hoje sua presença é garantida em várias áreas do conhecimento, entre outras: Medicina, Psicologia, Pedagogia, Informática, porém, nunca poderemos perder de vista que o jogo é objeto de estudo da Educação Física. Não obstante esta constatação, defendemos a importância do jogo na interface com o esporte, pois, considerando que a origem do esporte moderno foi o jogo, podemos afirmar que, quando jogamos, retornamos à origem do esporte.

Outro aspecto que julgamos relevante ao desenvolvermos esta temática refere-se à importância do jogo como um meio na busca da harmonia e do equilíbrio de quem joga. Para nós, o jogo pode articular ações no âmbito do movimento, do pensamento e do sentimento.

Este artigo será desenvolvido considerando quatro momentos: inicialmente, pretendemos ter como foco o jogo e suas possibilidades na aquisição, no resgate e no desenvolvimento de valores fundamentais no processo permanente de educação; em um segundo momento apontamos para a composição do substrato facilitador das ações de quem joga; posteriormente o jogo será mediador de discussões relativas ao estímulo das múltiplas inteligências, a partir da compreensão de seus aspectos essenciais para o estímulo das inteligências. Não podemos restringir o jogo somente aos aspectos gestuais de quem joga, é preciso avançar e assim ter uma nova visão do jogo. Entre as diferentes funções do jogo, uma está cada vez mais presente: quanto mais jogamos, mais aprendemos. Por fim, apresentaremos seis exemplos de jogos possíveis com o objetivo de ilustrar nossas teorias acerca do jogo.

1ª Parte – Jogando com princípios

Uma das características do jogo é a necessidade de regras para sua melhor organização. Defendemos a ideia de que estas regras podem e devem ser livremente construídas e concebidas. Somente esta característica já evidencia a riqueza do jogo quanto às suas possibilidades de intervenções relativas a valores, princípios e modos de comportamento. Vários são os princípios que poderemos elencar e, certamente, estes princípios estarão presentes no jogo. Destacamos neste artigo: cooperação, participação e convivência.

Cooperação

Durante muito tempo a ênfase do jogo foi dada somente à competição. Hoje há evidências claras da importância da cooperação no jogo, sobretudo no jogo coletivo. Não há hipótese de prática dos chamados jogos coletivos sem considerarmos a cooperação. Portanto, o princípio da cooperação deve ser balizador de qualquer proposta pedagógica que vise à prática do jogo nas diferentes modalidades.

Participação

Trata-se de outro princípio norteador do jogo possível. Todos nós, profissionais das diversas áreas do conhecimento que lidam com o jogo enquanto instrumento, fizemos de sua prática uma ação visando contribuir para a formação permanente do cidadão. Não podemos deixar de considerar que cidadania é participação. Portanto, em todas as situações em que o jogo estiver presente, devemos sempre estimular a participação. Jogar não é exclusividade de atletas, mas, sim, cada vez mais, o jogo como atividade física está presente na vida do ser humano.

Convivência

Outro importante princípio identificado no jogo é a convivência. Defendemos a tese de que não precisamos aprender para jogar, mas sim jogar para aprender. Neste contexto, todos temos o direito de jogar. Sendo assim, é preciso levar em conta as diferenças de quem joga.

Tão relevante quanto observar as diferenças entre os "jogadores" é conviver com elas. Portanto, novamente o jogo aparece como facilitador no processo permanente de educação, pois através de sua prática podemos aprender a respeitar as individualidades e também os limites de quem joga, e, assim, não estaremos restringindo o jogo somente a execuções de gestos técnicos, mas, em uma outra ótica, é possível trabalhar com o indivíduo em sua totalidade.

Por fim, podemos dizer que quando jogamos com princípios, entre outros, cooperação, participação e convivência, jogamos buscando ampliar nossos limites em níveis relativos ao movimento (capacidades e habilidades), às inteligências, à psicologia e ao social.

2ª Parte – Concebendo: jogo e habilidades

Para alguns autores, como Orlick (1978), Huizinga (1993), Freire (1994) e Antunes (1999), o jogo tem fundamental importância no desenvolvimento do Homem. Desta forma, o jogo é colocado como um poderoso formador de comportamentos, à medida que se valoriza a importância dos propósitos e da natureza do jogo. Tomando contato com sua essência, e transcendendo dos aspectos biológicos e dos significados de vitória ou derrota, amplia-se a perspectiva de sua compreensão, pela ótica da fascinação que o jogo provoca. Freire (1991) ressalta os referenciais de tensão, alegria, divertimento, prazer e inteligência que por vezes são subtraídos pela sua análise quantitativa.

A partir da possibilidade de ser o jogo um instrumento pedagógico, inserido em diversos contextos, ampliam-se e transformam-se seus significados, por meio da sua prática, permitindo a quem joga, segundo Freire (1994), aprender incessantemente. De acordo com Orlick (1978), o esporte e os jogos são reflexos da sociedade em que vivemos e que podem criar o que é refletido na sociedade. Para o autor, é possível a transferência de aprendizado dos jogos da vida para comportamentos que se manifestam em outros momentos da história do indivíduo, dentro da visão de que essas atividades preparam a pessoa para desafios futuros.

Para Antunes (1999, p. 11), o jogo apresenta algumas características singulares, a partir de sua origem:

> "A palavra jogo provém de *jocu*, substantivo masculino de origem latina que significa gracejo. Em seu sentido etimológico, portanto, expressa um divertimento, brincadeira, passatempo, sujeito a regras que devem ser observadas quando se joga. Significa também balanço, oscilação, astúcia, ardil, manobra. Não parece ser difícil concluir que todo jogo verdadeiro é uma metáfora da vida".

Huizinga (1993, p. 33) aponta para a dimensão antropológica do jogo:

> "Jogo é uma atividade de ocupação voluntária, exercida dentro de certos e determinados limites de tempo e de espaço, segundo regras livremente concebidas, mas absolutamente obrigatórias, dotado de um fim em si mesmo, acompanhado de um sentimento de tensão e alegria e de uma consciência de ser diferente da vida cotidiana".

As habilidades e o jogo

O contexto do jogo significa constantemente vencer desafios motores. A manifestação de habilidades motoras, sejam elas básicas, em corridas, saltos ou arremessos, ou específicas, na resolução de problemas singulares a determinadas modalidades, implica possibilitar, por meio da inteligência de movimentos, o estabelecimento de relações que fortalecem os princípios de cooperar, participar e conviver no ambiente do jogo.

Segundo Barbanti (1994, p. 147), habilidades motoras significam "atos motores que surgem dos movimentos da vida diária do ser humano". Ampliando o conceito, Schimidt & Wrisberg (2001, p. 22) colocam que "uma habilidade fechada é aquela realizada em um ambiente estável e previsível; uma habilidade aberta é aquela realizada em um ambiente variável e imprevisível durante a ação". Lembrando que a habilidade aberta possibilita a relação com uma outra composição de movimentos, gerando constantemente conexões de habilidades no jogo.

Desta maneira, pretendemos articular a construção de um ambiente que possibilite a exploração de princípios e o estímulo das inteligências a partir dos elementos presentes no jogo.

Habilidades e ações presentes nos jogos

O *domínio de corpo* permite ao indivíduo conhecer seu corpo e suas possibilidades, bem como sua ocupação em determinado espaço. No contexto de jogos, é possível vivenciar diferentes formas de movimento, com ênfase em três aspectos, que se constituem em movimentos básicos utilizados em diversas modalidades de jogos: saída rápida, parada brusca, mudança de direção. Além desses aspectos, outros tipos de movimento também podem ser vivenciados, tais como: giros, fintas, saltos, deslocamentos laterais e rolamentos, entre outros. O domínio de corpo é um fundamento de execução sem bola e com bola, muito utilizado em um jogo, pois ele está presente tanto nas ações ofensivas quanto nas ações defensivas; portanto, dominar o corpo é de suma importância para o aprendizado de jogos.

O contato com a bola está sempre presente na execução de outros fundamentos, principalmente os de características ofensivas. Aqui se permite ao indivíduo o conhecimento da bola e de suas diferentes formas de utilização com as mãos, com os pés, com os braços e com a cabeça. Em síntese, é possível permitir aos alunos criar intimidade com a bola, por meio de seu controle, buscando o desenvolvimento de habilidades na execução de fundamentos quando de sua posse. A *manipulação de bola* também é um fundamento básico, uma vez que seu desenvolvimento explora as possibilidades de utilização de variados tipos de implementos, de acordo com modalidades esportivas ou de jogos específicos.

Desta forma, para o aprendizado deste fundamento é importante a utilização de outros tipos de bolas, como por exemplo as bolas de plástico de diferentes dimensões, bolas de borracha, bolas de tênis, etc., pois assim é possível promover as variações em tarefas, tendo em conta as diferenças de peso, tamanho e velocidade no seu manuseio. Esse procedimento dará aos alunos a oportunidade da aquisição de seu domínio.

Passe e recepção são ações fundamentais em jogos que se utilizam bola, pois representam a conexão entre os indivíduos que jogam, indicando, desta maneira, para a expressão de relacionamentos em contexto de jogo. É possível indicar que, por meio dos jogos, como uma atividade facilitadora do aprendizado e desenvolvimento do passe e da recepção, trabalhamos com estas ações de forma aberta, ou seja, a cada momento do jogo podem ser criadas situações novas, estimulando quem joga a buscar soluções rápidas para os problemas apresentados.

A ação do *drible* caracteriza-se pela tentativa da manutenção da posse de bola ou progredir ofensivamente com sua posse. Exemplificando, no basquetebol o drible pode ser alto, baixo, parado ou em movimento; no futebol, o drible é muito utilizado e basicamente pode ser rasteiro e suspenso. Em síntese, a finalidade do drible é conduzir a bola ou ter sua posse valendo-se deste recurso técnico parado ou em movimento.

A *finalização* representa a conclusão de uma ação ofensiva. Representa-se no basquetebol pelos arremessos: bandeja, arremesso de peito com uma mão, o arremesso precedido por salto, sendo possível também o arremesso tipo "gancho". No futebol, a finalização se dá comumente através do chute, do cabeceio, e eventualmente com outras partes do corpo. No handebol, ocorre com a queda para a lateral oposta ao lado do braço do arremesso e com a mão para trás. No voleibol, a finalização tem por objetivo enviar a bola para a quadra contrária, por cima da rede, e pode ocorrer de três formas: com o toque, com a manchete e com a cortada. O saque, com a evolução da tática e das estratégias de jogo, também passou a ser uma ação ofensiva.

De acordo com as situações de ofensiva e defensiva, oportunizadas em jogos, criam-se condições para estimular o desenvolvimento de *situações de jogo,* a partir de algumas variações de jogos, tendo em conta o espaço físico (campo de jogo), o número de alunos e os tipos de bolas. Entre as situações de jogo, temos: 1×1, 2×2, 3×3, 4×4, que exigem e estimulam a aplicação das ações descritas anteriormente, em situações diversas de jogo. Esta possibilidade de procedimento permite a quem joga criar formas de operações dentro do jogo, que traz liberdade na execução de movimentos, nas diversas ações defensivas e ofensivas, em tentativas de finalização correta ou, ainda, na tentativa de impedir que essas finalizações sejam concluídas com sucesso.

Caracterização de esforços

O jogo apresenta, basicamente, estrutura possível de esforços, à medida que diferentes maneiras de sua expressão indicam para a imprevisibilidade, aleatoriedade, alternância na intensidade e manifestação das capacidades físicas de coordenação, velocidade, força, resistência e flexibilidade, bem como de suas submodalidades.

Assim, esforços específicos de intensidade fraca, média, submáxima e de duração variável, requisição de fontes energéticas mistas, compõem o quadro característico de esforços presentes na participação em jogos.

Na perspectiva de que o jogo atua como facilitador do desenvolvimento da competência de quem joga, podemos aqui compreender os esforços pertinentes ao jogar como estimuladores presentes na formação de quem participa de seu contexto, em contraponto à dimensão da simples exigência de determinadas capacidades físicas para poder jogar.

3ª Parte – As Inteligências em Jogo

Na essência da identidade do jogo, que exibe de forma múltipla e diversificada seus conteúdos, é possível ressaltar a inteligência como um de seus elementos fundamentais. Inicialmente, interpretamos como a capacidade de adaptação e ação segundo novas possibilidades de situações, estimulada pelas situações características do jogo. De acordo com esta perspectiva, transcendemos da simples resolução de problemas para a elaboração de outras novas possibilidades de comportamentos em jogos. Abordando o indivíduo com a possibilidade da visão de totalidade das suas competências, encontramos na teoria das Inteligências Múltiplas a dimensão da totalidade de quem joga, em congruência com os estímulos presentes no contexto de jogos.

A Teoria das Inteligências Múltiplas

A Teoria das Inteligências Múltiplas toma forma com a abordagem plural das habilidades, talentos e competências do Homem, especialmente exigidas dentro do seu contexto de cultura, transcendendo, assim, das abordagens tradicionais de inteligência, sintetizadas pelas competências da linguagem verbal e da razão lógica.

A partir do exposto, Gardner (2000) busca novos conceitos e consequentes aplicações de Inteligência, que possam satisfazer as necessidades do Homem, no mundo moderno. Então, o conceito de pluralidade da mente começa a se formar.

Diante destas observações e de muitas outras no campo da neuropsicologia, Gardner (2000) chega à conclusão de que as pessoas têm um leque de capacidades. Notou que algumas pessoas tinham grande capacidade em uma área de atuação, mas não exibiam a mesma capacidade em algumas outras áreas. Da mesma forma, a deficiência para o aprendizado em alguma habilidade não significava que essa pessoa tivesse sucesso ou fracasso na maioria de outras atividades cognitivas.

Assim, começa a dar forma à ideia de que as habilidades se diversificam, e de forma independente. Diante destas observações, o autor marca a ruptura com a ideia dos mais inteligentes e dos menos inteligentes e começa a estabelecer que as inteligências atuam de forma independente. Porém, indica que ao resolver problemas, dificilmente as inteligências trabalham sozinhas. Conclui que todos possuem e têm condições de se desenvolver em todas as inteligências, determinando que este desenvolvimento está marcado fortemente por meio da mobilização e estimulação promovidas pelo contexto de cultura em que o indivíduo está inserido. Segundo Gardner (1994), se não existirem a estimulação e mobilização de determinada inteligência, o potencial fica estagnado.

Assim sendo, evoluindo com suas ideias e proposições, Gardner (2000, p. 47) apresenta sua definição para Inteligência:

> "Um potencial biopsicológico para processar informações que pode ser ativado num cenário cultural para solucionar problemas ou criar produtos que sejam valorizados em uma cultura".

A partir do exposto, o autor classifica a Inteligência como sendo um potencial neural e sugere que ela pode, ou não, ser ativada, dependendo dos valores da cultura em que o indivíduo está inserido e dos estímulos que recebe no ambiente composto por pais, familiares, professores, técnicos e outros agentes interventores.

As Oito Inteligências: da teoria às manifestações no ambiente dos jogos desportivos coletivos

Gardner (1994, et al. 1998, 2000) dimensionou em sua Teoria a existência de oito inteligências, que tratariam dos domínios de resoluções dos possíveis problemas inerentes às pessoas, configuradas dentro dos critérios preestabelecidos. São elas: a inteligência cinestésico-corporal, a inteligência verbal linguística, a inteligência lógico-matemática, a inteligência musical, a inteligência espacial, a inteligência naturalista, a inteligência interpessoal e a inteligência intrapessoal. Estudos do autor indicam a existência de outras possíveis inteligências adicionais, como a inteligência espiritual e a inteligência existencial.

Ao final da exposição dos domínios de cada inteligência, apresentam-se as características que podem ser manifestas nos jogos (Balbino, 2001), com base nas observações de Campbell et al. (2000), autores que desenvolvem estudos com a aplicação da teoria das Inteligências Múltiplas na área da educação formal.

A Inteligência Corporal Cinestésica

A inteligência corporal cinestésica acarreta o potencial de usar o corpo, ou partes dele, para resolver problemas ou fabricar produtos. É a capacidade de trabalhar com objetos de forma hábil, tanto os que envolvem movimentos motores finos dos dedos e mãos quanto os que exploram movimentos amplos e grosseiros do corpo. Constitui-se em centro da inteligência corporal: controlar os movimentos corporais e capacidade de manusear objetos com habilidade. Outra característica desta inteligência é a capacidade de usar o próprio corpo de maneiras altamente diferenciadas e hábeis para propósitos relacionados à expressão corporal, em conexão com emoções e sentimentos, como no campo das artes. A relação com o substrato do Esporte, que é o movimento, é direta.

Dançarinos, atores e atletas põem em primeiro plano a inteligência corporal cinestésica. Esta forma de inteligência é de grande importância também para artesãos, cirurgiões, cientistas, mecânicos e outros profissionais de atuação técnica, que exibem habilidade com o corpo.

A evolução dos movimentos especializados de corpo é uma vantagem óbvia para as espécies, e nos seres humanos esta adaptação é ampliada por meio do uso de ferramentas. O movimento corporal passa por um programa de desenvolvimento claramente definido nas crianças. A capacidade de usar o próprio corpo para expressar-se, jogar um jogo ou criar um novo movimento constitui-se em evidência dos aspectos cognitivos do uso do corpo.

Campbell et al. (2000) colocam que muitos precisam experimentar fisicamente o que se aprende. Dependem de processos táteis ou cinestésicos e precisam manipular ou experimentar o que aprendem para compreender e reter as informações. Aprendem executando as tarefas e por meio de experiências multissensoriais.

A partir da dicotomia entre mente e corpo, o conceito desta inteligência busca uni-los para o desempenho físico adequado. A inteligência corporal cinestésica é base do conhecimento humano, pois é por meio de nossas experiências sensório-motoras que experimentamos a vida (Campbell et al., 2000).

Nas possíveis manifestações da inteligência corporal cinestésica, características para o ambiente de jogos, temos que o indivíduo:

- Explora o ambiente de jogo com o corpo em movimento, usando do toque, manejo e manipulação de implementos como a bola de jogo.
- Aprende de forma melhorada por meio da execução pelo movimento aquilo que se deseja ensinar.
- Motiva-se por participação em jogos.
- Manifesta habilidade esportiva geral.
- Demonstra destreza nas tarefas físicas.
- Busca padrões compatíveis de saúde com a atividade esportiva.
- Busca novas possibilidades de movimentos.

A Inteligência Verbal Linguística

A Inteligência Verbal Linguística envolve a sensibilidade para a língua falada e a escrita, e a habilidade para aprender línguas, bem como a capacidade de se utilizar a linguagem para atingir certos objetivos. Grande parte do ensino e da aprendizagem ocorre por meio da linguagem.

Gardner (1994) determina que a inteligência linguística permite denotar sensibilidade à ordem entre as palavras, capacidade de seguir regras gramaticais. Em nível mais sensorial, indica para a sensibilidade aos sons, ritmos, inflexões das palavras e sensibilidade às diferentes funções da linguagem. Evoca o potencial da linguagem para entusiasmar, convencer, estimular, transmitir informações ou simplesmente agradar.

O uso das palavras para comunicar e documentar, para expressar emoções fortes, proporcionar música aos sons distingue os seres humanos de outros animais, oferecendo assim possibilidades para explorar e expandir a inteligência humana (Campbell et al., 2000).

Ações características que podem ser encontradas em indivíduos com inteligência linguística bem desenvolvida, dentro dos jogos:

- Receber instruções de aprendizagem técnica ou de estratégias e táticas combinadas, pela transmissão verbal de opções de ações.
- Interpretar as instruções e orientações do técnico ou professor, ou de um líder em atuação.
- Falar, em momentos adequados, com os companheiros de equipe durante uma atividade.
- Usar a escuta e a fala para interpretar as orientações verbalizadas, do técnico ou professor.

A Inteligência Lógico-Matemática

A Inteligência Lógico-Matemática envolve a capacidade de analisar problemas com lógica, de realizar operações matemáticas e investigar questões cientificamente. Os matemáticos, os lógicos e os cientistas exploram a inteligência lógico-matemática. Em seu domínio, o processo de solução de problemas é significativamente rápido, pois o indivíduo lida com muitas variáveis ao mesmo tempo.

Campbell et al. (2000) apontam para os vários componentes deste tipo de inteligência, dentre eles o cálculo matemático, o raciocínio lógico, a resolução de problemas, raciocínio dedutivo e indutivo, discernimento de padrões e relacionamentos. No centro da capacidade matemática está a capacidade de reconhecer e resolver problemas.

Características relativas à inteligência lógico-matemática dos indivíduos que têm esse tipo de inteligência bem desenvolvida dentro do ambiente de jogos:
- Reconhecer nos objetos e equipamentos do ambiente de jogos as referidas funções.
- Familiaridade com os conceitos relacionados a regras e regulamentos do jogo.
- Compreensão da contagem diversificada referente às finalizações.
- Percepção de padrões de relacionamentos dentro do ambiente de jogos.

A Inteligência Musical

A Inteligência musical acarreta habilidade na atuação, na composição e na apreciação de padrões musicais.

Campbell et al. (2000) indicam que a música é uma das mais antigas formas de arte, a qual utiliza a voz humana e o corpo como instrumentos naturais e meios de autoexpressão. Referindo-se aos ritmos, colocam que vivemos com os ritmos do nosso próprio batimento cardíaco e da nossa respiração, e também com os ritmos sutis da atividade metabólica e das ondas cerebrais.

Devido à forte conexão entre a música e as emoções, a música pode ajudar a criar um ambiente emocional positivo que desencadeie a aprendizagem (Campbell et al., 2000).

Características de quem tem a inteligência musical bem desenvolvida nos jogos:

- Respostas variadas aos sons dirigidos do ambiente, como exemplo, os provocados pela plateia, em manifestações favoráveis ou contrárias ao indivíduo ou à equipe.
- Reação cinestésica à música executada em locais de competição, demonstrando ritmo na execução de fundamentos do jogo, reagindo com emoções de forma positiva ou negativa.

A Inteligência Espacial

Gardner (2000) coloca que a Inteligência Espacial tem o potencial de reconhecer e manipular os padrões do espaço (aqueles usados, por exemplo, por navegadores e pilotos), bem como os padrões de áreas mais restritas, como os que são importantes para escultores, cirurgiões, jogadores de xadrez, artistas gráficos ou arquitetos.

A solução de problemas espaciais é necessária na navegação, na utilização e entendimento de mapas. Outros tipos de solução de problemas espaciais são exigidos quando visualizamos um objeto de um ângulo diferente. As artes visuais também utilizam esta inteligência no uso do espaço.

Uma pessoa com inteligência espacial bem desenvolvida pode apresentar as seguintes características no ambiente de jogos:

- Visualização por meio de imagens mentais das orientações da técnica, de táticas e estratégias de situações variadas.
- Utilização das imagens visuais das situações vividas em outros ambientes.
- Visualização espacial das movimentações possíveis de ação de forma tridimensional e suas consequentes reorganizações no espaço.
- Percepção de padrões sutis e óbvios, na formação das estratégias de jogo.
- Auto-observação de sua movimentação pelos espaços possíveis em um esquema tático, em sua equipe e em relação aos outros participantes.

A Inteligência Interpessoal

A inteligência interpessoal compreende a capacidade de entender as intenções, as motivações e os desejos do próximo, e consequentemente, de trabalhar de modo eficiente com outras pessoas. Vendedores, professores, líderes religiosos, políticos e atores manifestam inteligência interpessoal bem desenvolvida. Ela está baseada na capacidade de perceber distinções entre as pessoas, por meio de diferenças em seus estados de ânimo, temperamentos, motivações, intenções.

Para Campbell et al. (2000), a inteligência interpessoal permite compreender as outras pessoas e a otimizar comunicação com elas, à medida que se observam diferenças no humor, no temperamento, nas motivações e nas habilidades. Inclui a capacidade para formar e manter relacionamentos, para assumir diversos papéis dentro de um grupo como membro ou líder. Nas possíveis manifestações da inteligência interpessoal no ambiente dos jogos, tem-se:

- Interação com os companheiros.
- Manutenção e formação de novos relacionamentos em diferentes maneiras de interação com os companheiros.
- Participação nas ações coletivas, tomando o espírito coletivo como conceito de jogo.
- Influência nas ações dos companheiros, de forma construtiva.
- Compreensão e comunicação de diversas formas, durante um jogo, de modo a se fazer entender.
- Habilidade na mediação de conflitos entre os companheiros que participam de uma atividade.

A Inteligência Intrapessoal

Gardner (2000) afirma que esta inteligência envolve a capacidade de a pessoa se conhecer, de ter um modelo individual de trabalho eficiente, incluindo aí os próprios desejos, medos e capacidades e de usar estas informações com eficiência para regular a própria vida.

Se por um lado a inteligência interpessoal indica para o relacionamento com terceiros, a intrapessoal aponta para o relacionamento que a pessoa estabelece consigo, ou seja, com seu próprio mundo interior, onde estão as forças em que nos apoiamos para compreender a nós mesmos e as outras pessoas, para imaginar, planejar, resolver problemas. Lá estão também qualidades como motivação, determinação, ética, integridade, empatia, altruísmo.

Para Campbell et al. (2000), a inteligência intrapessoal inclui nossos pensamentos e sentimentos, e, assim, quanto mais pudermos trazê-la à consciência, melhor poderemos relacionar nosso mundo interior com o mundo exterior da experiência.

Das características que uma pessoa com inteligência intrapessoal bem desenvolvida pode apresentar no ambiente de jogos, tem-se:

- Demonstração de motivação em realizar tarefas em jogos.
- Busca da compreensão das suas experiências internas.

- Consciência e controle das emoções presentes durante o jogo ou em competição.
- Expressão e consciência de sentimentos.
- Equilíbrio de emoções em determinados momentos de pressão psicológica.
- Modelo e sistema de valores, demonstrando comportamentos éticos e construtivos para o grupo que participa de jogos.

A Inteligência Naturalista

Este tipo de inteligência, segundo Gardner (2000), refere-se ao conhecimento sobre o mundo vivo, incluindo a classificação de diversas espécies, identificando-as e reconhecendo a existência de outras; relacionamentos com seres ou objetos, interação com espécies animais, sintonia com o mundo dos organismos, usando essas capacidades de maneira produtiva. Essa inteligência é encontrada em naturalistas, biólogos, botânicos, geógrafos, paisagistas, jardineiros. O desenvolvimento desta inteligência independe da interação direta com o mundo natural, assim como da observação visual, sendo possível a utilização de todos os sentidos para a discriminação de elementos e consequentes estímulos.

Das características manifestas, de inteligência naturalista pelos indivíduos no ambiente dos jogos, temos:
- Interesse pelo ciclo de transformações que o exercício dos jogos pode provocar no organismo.
- Observação do ambiente com interesse e curiosidade.
- Capacidade de entender as diferenças de desempenho nos exercícios entre os participantes das atividades.
- Busca do entendimento do funcionamento do organismo nas atividades de jogos.
- Percepção das relações de interdependência entre os participantes do sistema formado nos jogos.

4ª Parte – Jogando com inteligência

A partir dos conceitos de jogo, bem como das diversas perspectivas pedagógicas promotoras de diferentes significados aqui expostos, buscamos tornar esses conceitos teóricos em possibilidades na prática. Enfatizamos que são situações e estruturas flexíveis a adaptações, tornando-se recurso pedagógico para otimizar atividades de lazer através do resgate da cultura infantil do jogo.

Seguem exemplos (Paes, 2001) que não são únicos nem definitivos. Pretendemos compartilhar experiências, e, assim, possibilitar o surgimento de novas adaptações e também de novos jogos facilitadores para a ocupação do tempo livre, em uma perspectiva pedagógica.

Correr para trás da bola

Situação inicial: divide-se o grupo de alunos em duas equipes e o professor deverá estar em posse de duas bolas, cada uma correspondendo a uma equipe.

Ação: esse jogo possível terá início quando o professor jogar as bolas aleatoriamente, para qualquer direção; cada equipe deverá ir em busca de sua bola e será considerada vencedora a equipe que primeiro conseguir fazer com que todos os seus componentes sentem-se em fila atrás da bola correspondente.

Bola salvadora

Situação inicial: os alunos espalhados em qualquer espaço físico com uma bola de futebol.

Ação: um aluno será identificado como pegador, seu problema-desafio será pegar qualquer outro aluno, sendo que só não poderá pegar o aluno que está de posse de bola. Os demais alunos têm como problema-desafio fugir do aluno pegador e através de troca rápida de passes deverá dificultar que o pegador possa alcançar seu objetivo, uma vez que o aluno de posse de bola não poderá ser pego.

Jogo da memória

Situação inicial: alunos espalhados na quadra, sendo que cada aluno será identificado com um número.

Ação: o professor chamará um número, que, após identificado o aluno, terá como problema fugir da bola. Os demais alunos deverão, trocando passes, fazer com que a bola toque no aluno fugitivo.

Rua e avenida

Situação inicial: os alunos, de mãos dadas, deverão formar quatro colunas, posicionando-se uma do lado da outra.

Ação: quando o professor disser "rua", os alunos deverão estar voltados para sua frente, de mãos dadas; quando disser "avenida", deverão soltar as mãos e virar de lado para o professor, segurando agora nas mãos dos colegas que ficaram a seu lado nessa nova posição. Entre as "ruas" e "avenidas" deverão estar dois alunos, cada um de posse de uma bola de futebol, sendo que um será o pegador e o outro o fugitivo e ambos devem conduzir a bola com os pés.

Handebol de quartetos

Situação inicial: o grupo deverá ser dividido em duas equipes, "A" e "B", e cada equipe deverá ser subdividida em quartetos que serão identificados por números. Cada equipe terá um goleiro. O local adequado para o jogo deverá ser uma quadra e os alunos deverão se posicionar de forma que cada equipe esteja no fundo e nas laterais da quadra correspondente.

Ação: o professor deverá estar de posse de uma bola de handebol, no centro da quadra, e o jogo terá início com a chamada feita pelo professor de um quarteto de cada equipe; o professor passará a bola para o quarteto que chegar primeiro ao centro da quadra e estes devem atacar com o objetivo de finalizar, ou seja, fazer o gol contra o quarteto adversário. A cada gol convertido, o jogo é recomeçado com outros dois quartetos.

Voleibol rodízio

Situação inicial: supondo uma turma de 20 alunos, nós os dividiremos em quatro (04) equipes com cinco (05) alunos cada, denominando-os "A", "B", "C", "D". Iniciaremos com a equipe "A" numa metade da quadra e a equipe "B" na outra metade; as equipes "C" e "D" deverão estar fora da quadra, posicionando-se uma de cada lado dos postes de sustentação da rede.

Ação: o jogo terá início com um saque da equipe "A"; a equipe "B" deverá recepcionar a bola, no terceiro toque passá-la para o campo da equipe "A", e deverá sair da quadra trocando de lugar com a equipe "C"; durante a troca a equipe "A" deverá recepcionar a bola, passá-la ao final do terceiro toque e depois sair, dando lugar para a equipe "D", e assim sucessivamente até que a bola caia no chão.

Observações:
• Quando a bola cair no chão, será debitado um ponto da equipe que permitiu a queda.

- Será considerada vencedora a equipe que tiver menos pontos debitados.
- O jogo sempre recomeça com um saque.
- Variações podem ocorrer, sobretudo com relação ao tamanho e ao peso da bola, implicando maior ou menor velocidade do jogo, podendo ocorrer ainda variações quanto ao número de alunos em cada equipe.

Considerações finais

Entre as múltiplas funções já atribuídas ao jogo, destacamos mais uma: a magia de ter o aspecto lúdico como característica, ao mesmo tempo em que se propicia uma prática de fundamental importância no processo de educação permanente, tendo como objetivo contribuir para a harmonia e o desenvolvimento equilibrado do ser humano. Diante desta função mágica, podemos melhor compreender a importância do jogo nas mais diferentes áreas do saber.

O jogo pode ser utilizado para vários fins e objetivos, entre eles prazer e diversão, na ocupação do tempo livre. Por meio das ideias aqui desenvolvidas, sugerimos o enriquecimento das práticas com o foco nas competências que se agregam ao contexto do jogo, no estímulo às habilidades e inteligências que são estimuladas constantemente para quem joga. Orientar e estimular a compreensão de jogos e suas estratégias, pela resolução de problemas de variadas características, indica para a abordagem do jogo como fator significativo para a melhoria da qualidade de vida do ser humano, à medida que promove transformações no "jogador", como foi colocado inicialmente.

Desta maneira, podemos fazer o jogo onde todos ganham, norteados pelos princípios da cooperação, convivência e participação, traduzidos pelos significativos aprendizados presentes em sua prática, até mesmo quando o placar é favorável ao adversário. O importante é termos vários próximos convívios em jogos. Nesta dimensão, o indivíduo se integra ao mundo e principalmente consigo mesmo neste ambiente facilitador, tornando-se o cidadão feliz de amanhã, enriquecido em sua história de vida pelas experiências e desafios enfrentados.

A partir dos bons propósitos que todos temos em buscar constantemente o bem-estar, o prazer, a qualidade de vida, o jogo e suas possibilidades de prática na ocupação do tempo livre tornam-se elementos construtores do contexto para o desenvolvimento de competências do "jogador" participativo, formando comunidades que convivem de maneira integrada e comprometida no jogo da cooperação.

Referências bibliográficas

ANTUNES, C. *Jogos para a estimulação das múltiplas inteligências.* 3ª ed. Petrópolis, Vozes, 1999.

BARBANTI, V. *Dicionário da Educação Física e do esporte.* São Paulo, Manole, 1994.

BALBINO, H. F. *Jogos desportivos coletivos e os estímulos das inteligências múltiplas:* uma proposta em pedagogia do esporte. Dissertação de Mestrado. Campinas: FEF - Unicamp, 2001.

CAMPBELL, L. et al. *Ensino e aprendizagem por meio das inteligências múltiplas.* 2ª ed. Porto Alegre, Artes Médicas Sul, 2000.

FREIRE, J. B. *De corpo e alma:* o discurso da motricidade. São Paulo, Summus, 1991.

_____. *Educação de corpo inteiro:* teoria e prática da educação física. 4ª ed. São Paulo, Scipione, 1994.

GARDNER, H. *Estruturas da mente:* a teoria das inteligências múltiplas. Porto Alegre, Artes Médicas Sul, 1994.

_____. *Inteligência*: um conceito reformulado. Rio de Janeiro, Objetiva, 2000.

HUIZINGA, J. *Homo Ludens*: o jogo como elemento da cultura. 4ª ed. São Paulo, Perspectiva, 1993.

ORLICK, T. *Vencendo a competição*. São Paulo, Círculo do Livro, 1978.

PAES, R. R. *Educação física escolar*: o esporte como conteúdo pedagógico do ensino fundamental. Canoas, Ed. ULBRA, 2001.

SCHIMIDT, R. A.; WRISBERG, C. A. *Aprendizagem e performance motora*: uma abordagem da aprendizagem baseada no problema. Porto Alegre, Artmed, 2001.

CAPÍTULO 7

Jogos Cooperativos na Recreação e no Lazer

Roberto Gonçalves Martini

"Nós devemos ser a mudança que deseja-
mos ver no mundo."

Mahatma Gandhi

Introdução

Vivemos um momento planetário dos mais sensíveis e interessantes, os vários campos do conhecimento e relações humanas vêm demonstrando passar por processos cada vez mais acelerados de transformação.

A visão do Ser integral na medicina, os avanços nas ciências, o conceito de times cooperativos nas empresas e as ações na educação assumindo sua responsabilidade com relação às questões relacionadas à ética, aos valores humanos e à cidadania são sinais desta transformação.

Reconheço este cenário de transição também presente no universo do Lazer e da Recreação, por exemplo, na expansão dos esportes radicais, nas programações de lazer de cunho ecológico e ainda na intervenção do 3º setor aumentando a oferta de programas de lazer para as comunidades menos favorecidas.

Mas o que todas estas transformações estariam sinalizando, e em qual cenário poderíamos sugerir Jogos Cooperativos na Recreação e no Lazer?

E tão logo me faça esta pergunta, uma resposta me salta à mente: **um cenário em transformação**.

Penso que nós, seres humanos, estamos exercitando nossa busca pela transcendência, que é uma possibilidade infinita para os humanos. Seguimos em busca dela por toda a vida, este é o nosso real compromisso, por isto a necessidade de buscarmos o novo, transformar o que não nos serve mais e assumir a responsabilidade nas transformações sociais que necessitam ser feitas.

Atualmente muitas ações têm apontado para o caminho da **aproximação** como um movimento fundamental – **aproximar a ação** – unir forças, reconhecer o potencial do outro e observar que, juntos, nós podemos ir mais longe, afrouxando o nó dos sapatos e tornando a caminhada mais leve e segura.

Por entender que há necessidade de aproximarmos cada vez mais as nossas ações, reconheço claramente as importantes contribuições dos Jogos Cooperativos no Lazer e na Recreação, por se tratar de recursos sedutores que atraem grandes grupos e veículos importantes na promoção de transformações sociais. Além de grandes estratégias para **aproximar a ação**.

Portanto, quero convidá-los a fazer uma caminhada, durante o percurso nem tudo é previsível, muitas descobertas e novas paisagens nos esperam. Nosso trajeto será guiado por uma bússola batizada com o nome de Jogo.

E aí .... tudo pode acontecer.

O Jogo

Como toda preparação para trilhar um caminho, é necessário arrumar a mochila, levar o essencial para que ela não pese em nossas costas e isto feito vamos em frente, dando os primeiros passos com calma.

Hei! Vamos jogar?

Quem de nós nunca ouviu esta pergunta antes?

Acredito que todos nós tenhamos ouvido muitas vezes este convite em nossas vidas e, como o jogo é uma manifestação que não se restringe ao mundo dos humanos, até mesmo os animais devem ter uma forma de convidar para o jogo.

Ao longo de muitos anos, várias pessoas vêm se dedicando ao estudo do Jogo, suas características, classificações, estruturas e significado cultural vem sendo cada vez mais objeto de estudo. Autores como Huizinga, Piaget, Callois, Terry Orlick, Paes e Brotto vêm buscando o entendimento deste fenômeno.

Durante este percurso temos recebido contribuições importantes, como na definição clássica de Huizinga

> "jogo é uma atividade ou ocupação voluntária, exercida dentro de certos e determinados limites de tempo e de espaço, segundo regras livremente consentidas, mas absolutamente obrigatórias, dotado de um fim em si mesmo, acompanhado de um sentimento de tensão e de alegria e de uma consciência de ser diferente da 'vida cotidiana' " (1993, p. 33).

Nos estudos de Piaget sobre a evolução do jogo na criança, apontando o jogo de exercício, o jogo simbólico e o jogo de regras (apud Freire, 1994, p. 116) e Callois

"Jogo é uma atividade: livre, delimitada, incerta, improdutiva, regulamentada e fictícia". (1990, p. 29).

Passando pelas visões de Paes sobre o jogo na Pedagogia do Esporte e Orlick do jogo como veículo de transformação pessoal e grupal

"Reconhecemos no jogo, bem como nas brincadeiras, alguns elementos que o tornam uma rica possibilidade de ensino" (2001, p. 81).

"Os jogos representam uma articulação-chave em qualquer sociedade. Para se orientar esta sociedade no sentido de uma mudança pacífica e humana, podemos começar pelos jogos" (1978, p. 105).

E aterrizando na percepção de Brotto, do jogo da vida:

"Considero o jogo como um espectro de atividades interdependentes, que envolve a brincadeira, a ginástica, a dança, as lutas, o esporte e o próprio jogo. Sobre essa base, sustento a ideia da aproximação entre o Jogo e a Vida, compreendendo ambos como reflexo um do outro" (2001, p. 13).

Apesar de reconhecer claramente uma crescente ampliação das percepções sobre o jogo, ainda assim observo que ele não tem a devida valorização em diferentes cenários possíveis de sua manifestação.

O jogo nos oferece um convite à aventura, ao prazer, ao divertimento, e a infinitas possibilidades e descobertas, no entanto vivemos numa sociedade onde gerar e consumir bens materiais parece-me uma regra clara do jogo econômico do mundo globalizado, talvez por este motivo o jogo tenha sido entendido como uma atividade supérflua, por não ser capaz de produzir bens materiais nem riquezas.

Mesmo nos grandes espetáculos esportivos os lucros ultrapassam as fronteiras do jogo, não sendo gerados propriamente no seu interior.

Segundo Callois, uma característica do jogo é não criar nenhuma riqueza, nenhum valor, até mesmo nos jogos de azar a dinheiro

> "há deslocamento de propriedade, mas não produção de bens" (1990, p. 25).

Mas o jogo, meus amigos, tem seus encantamentos, e uma de suas características mais atraentes e irresistíveis é o convite ao imprevisível. No início de um jogo quem teria o poder de prever seu resultado final, jogadas e acontecimentos?

Somos atraídos pela tensão presente no jogo, gerada pela incerteza do resultado e que nos traz a energia necessária para continuar jogando.

Por isto as torcidas apaixonadas vaiam dois times de futebol que, satisfeitos com o empate no jogo, passam a trocar passes esperando o término da partida. Ficamos enfurecidos por nos roubarem algo que é essencial e atraente, a tensão gerada pela incerteza.

Segundo Callois:

> "Um desfecho conhecido *a priori*, sem possibilidade de erro ou de surpresa, conduzido claramente a um resultado inelutável, é incompatível com a natureza do Jogo" (1990, p. 27).

Penso que o jogo está ainda presente em nossas vidas

muito mais do que podemos supor, estaria jogando a mãe que, diante do filho que se recusa a comer, tenta transformar a colher em aviãozinho ou esconder a comida recusada embaixo da comida preferida?

O casal, que no dia do primeiro encontro, veste a melhor roupa, passa o melhor perfume, investe em olhares, tom de voz, etc., estaria jogando? O especulador da bolsa de valores que estimula a circulação de uma notícia negativa sobre uma empresa e, na primeira oportunidade, compra parte de suas ações com os preços em baixa, estaria jogando?

Huizinga, em sua obra *Homo Ludens*, associa a estrutura da política, da guerra e das artes, por exemplo, como forma e expressão de um jogo.

O que me permite dizer que os seres humanos têm uma relação tão estreita com o jogo, que sua manifestação transcende as fronteiras das quadras, campos e tabuleiros, tornando-se expressões em nossas vidas.

Outra questão ainda importante de pontuarmos é o fato de que, em raros momentos, o ser humano está tão despido, tão à mostra como no momento do jogo, transportando sua visão de mundo, suas crenças e valores, seus erros e acertos para o ambiente do jogo. Este fato me permite dizer que uma pessoa solidária e democrática irá jogar demonstrando estas características e, ao contrário, uma pessoa egoísta e perversa também irá demonstrar este comportamento durante o jogo.

Quem traz um ingrediente importante para esta nossa conversa é Terry Orlick, dizendo que, apesar de levarmos nossos valores e nossa visão de mundo para o jogo, também podemos transformá-los a partir dele.

> "Por que não usar o poder transformador dos jogos para ajudar a nos tornarmos o tipo de pessoa que realmente gostaríamos de ser?" (1978, p. 107).

Dentro das minhas perspectivas, o jogo manifesta nossa ludicidade, uma de nossas principais características, nos coloca diante da incerteza e do desafio e ainda permeia todas nossas ações, expressando nossa essência.

É com esta visão de jogo que, por hora, gostaria de caminhar junto com você, como um fenômeno humano de infinitas possibilidades e totalmente atrelado às nossas vidas.

Jogos cooperativos

A esta altura do percurso já percorremos metade do caminho e o suor começa a brotar no rosto, ufa! Mas vejam, um banco confortável nos espera, será que cabe todo mundo? Aperta daqui, aperta dali, coube. Como é bom viver a vida assim, acompanhado.

Certa vez, conversando com uma aluna que buscava uma definição para os Jogos Cooperativos, fui questionado: **Mas o que são os Jogos Cooperativos?**

Quando me preparava para dar a resposta, estranhamente, como se uma voz sussurrasse ao meu ouvido, respondi: **Jogos Cooperativos são um convite para um encontro muito especial.**

Desde então venho me fazendo perguntas e buscando entender o que estaria nas entrelinhas desta resposta e isto tem sido um desafio muito interessante.

Buscando responder a estas perguntas, gostaria de convidar alguns autores para se juntarem a nós neste momento.

Nos Jogos Cooperativos, segundo Brotto:

"Joga-se para superar desafios e não para derrotar os outros; joga-se para gostar do jogo, pelo prazer de jogar. São jogos onde o esforço cooperativo é necessário para se atingir um objetivo comum e não para fins mutuamente exclusivos" (2001, p. 54).

Para Brown, o Jogo Cooperativo:

"Busca a criação e a contribuição de todos. Busca eliminar a agressão física contra os outros. Busca desenvolver atitudes de empatia, cooperação, estima e comunicação" (1995, p. 25).

Segundo Orlick:

"O objetivo primordial dos Jogos Cooperativos é criar oportunidades para o aprendizado cooperativo e a intenção cooperativa prazerosa" (1978, p. 123).

Como todo Jogo é a expressão de uma intenção, é Zlmarian Walker quem registra muito bem as expressões e intenções dos Jogos Competitivos e dos Jogos Cooperativos.

JOGOS COMPETITIVOS	JOGOS COOPERATIVOS
São divertidos apenas para alguns.	São divertidos para todos.
Alguns jogadores têm o sentimento de derrota.	Todos os jogadores têm um sentimento de vitória.
Alguns jogadores são excluídos por sua falta de habilidade.	Todos se envolvem independente de sua habilidade.
Aprende-se a ser desconfiado, egoísta ou sentir-se melindrado com os outros.	Aprende-se a compartilhar e a confiar.
Divisão por categorias: meninos × meninas, criando barreiras entre as pessoas e justificando as diferenças como uma forma de exclusão.	Há mistura de grupos que brincam juntos criando alto nível de aceitação mútua.
Os perdedores ficam de fora do jogo e simplesmente se tornam observadores.	Os jogadores estão envolvidos nos jogos por um período maior, tendo mais tempo para desenvolver suas capacidades.
Os jogadores não se solidarizam e ficam felizes quando alguma coisa de "ruim" acontece aos outros.	Aprende-se a solidarizar com os sentimentos dos outros, desejando também o seu sucesso.
Os jogadores são desunidos.	Os jogadores aprendem a ter um senso de unidade.
Os jogadores perdem a confiança em si mesmos quando eles são rejeitados ou quando perdem.	Desenvolvem a auto-confiança porque todos são bem aceitos.
Pouca tolerância à derrota desenvolve em alguns jogadores um sentimento de desistência em face de dificuldades.	A habilidade de perseverar face às dificuldades é fortalecida.
Poucos se tornam bem-sucedidos.	Todos encontram um caminho para crescer e desenvolver.

(apud Brotto, 2001, p. 56)

Temos escolhido jogar competitivamente ao longo de muito tempo, e isto é claramente percebido nas diferentes formas de relações sociais, mesmo quando não é necessário colocamos nosso foco no ganhar ou perder.

Este comportamento pode ser facilmente compreendido por se tratar de um condicionamento, pois ao longo de nossa existência somos educados pela família, escola e sociedade, em um modelo que nos faz optar pela competição. Esta visão fica estampada na pergunta da diretora ao encontrar o time da escola após um jogo qualquer: "E então, ganharam ou perderam?" Ou no pai que recebe o filho em casa ao chegar de uma competição no clube: "E aí filho, ganhou ou perdeu?"

Segundo Margaret Mead:

> "É a estrutura social que determina se os membros de uma determinada sociedade irão competir ou cooperar entre si" (apud Orlick, p. 48).

Desta forma, ao modificar o comportamento no jogo, estaremos criando possibilidades para transformarmos atitudes em nossas vidas além do jogo. Para Orlick:

> "... o mesmo poder que têm os jogos de impedir que as pessoas sejam honestas e amorosas pode ser invertido para estimular esses comportamentos" (1978, p. 107).

Mesmo jogando competitivamente, podemos ampliar nossa visão, segundo Orlick:

> "Existem numerosas oportunidades dentro dos jogos competitivos para educar por valores" (Boletim de Jogos Cooperativos, setembro de 1995).

Com certeza existem inúmeras possibilidades presentes no jogo e que vão muito além do simples ganhar ou perder. Por exemplo, na aplicação perfeita de um sistema de defesa que o treinador ficou meses ensinando e o time só conseguiu pôr em prática naquele jogo, ou mesmo nas superações individuais, como ter maior controle emocional em situações que normalmente gerariam uma agressão, ou ainda na melhor comunicação do time, melhor entrosamento, etc... mas que, mesmo com todas estas vitórias reais, o time não conseguiu superar o adversário no placar numérico.

Deixaria o time de ser vitorioso por isto?

Penso ainda que poderíamos considerar a possibilidade de aprender com o outro, mesmo que esteja no time contrário; durante o jogo existe uma fantástica dança que organiza e reorganiza gestos, permitindo uma interação com o outro a todo o momento.

O adversário, então, quando prepara um drible ou uma ação qualquer, passa a estabelecer um diálogo estreito com você, porque a partir daí os gestos dele interferirão diretamente nos seus e vice-versa.

Seus esquemas motores e os dele passarão a existir e se organizarem em função de uma mesma situação, criando uma ligação entre ambos, onde o codificar gestos do outro e o decodificar novas ações acontece o tempo todo.

Então o suposto adversário (inimigo) que joga no outro time é apenas uma pessoa que vai permitir a descoberta de suas habilidades, permitindo também que você encontre novas formas de aprimorá-las.

Sendo assim, as pessoas do outro time poderiam também ser chamados de parceiros, desmistificando a ideia de adversário-inimigo e aproximando do jogar com o outro, convidando-o ao **encontro.**

Um convite para encontrar com quem?

Em primeiro lugar, encontrar com você mesmo, jogar cooperativamente é uma grande oportunidade de ir para dentro da gente mesmo, ver e rever nossas ações no mundo, nossos valores e nossa forma de encarar a vida. Estar com a gente mesmo, aqui e agora, é um enorme presente possível também no Jogo Cooperativo.

Em segundo lugar, é um convite para encontrar com o outro, esta é outra grande oportunidade oferecida pelo Jogo Cooperativo. Quando estamos livres da sensação de que alguém vai nos tirar algo e constatamos que neste Jogo estamos todos no mesmo barco, costumamos abrir o coração e depois os olhos, para ver as pessoas com suas peculiaridades e com a mesma necessidade de ser feliz.

Segundo Brotto,

"Quando conseguimos nos descontrair e ficar mais flexíveis nas nossas interações com os outros, liberamos todo o potencial criativo que há em cada um" (1997, p. 67).

Este é mais um desafio dos Jogos Cooperativos, ir ao encontro das pessoas e estabelecer novas formas de relacionamento, e aprender a enxergar o outro como parceiro e não mais como inimigo.

O que faz este encontro ser especial?

É um encontro especial porque a humanidade precisa e anseia que os seres humanos se encontrem verdadeiramente. Não temos mais tempo para desencontros, as riquezas naturais começam a dar sinais de escassez, a diferença absurda na divisão dos recursos disponíveis que geram violência e fome chegaram a níveis inadmissíveis.

Em contrapartida, muitos grupos em várias regiões do planeta começam a reconhecer a necessidade de uma mudança de rota, bem como no panorama deste grande Jogo, um pedido de tempo para nos prepararmos melhor para continuar jogando, elaborar novas estratégias, mediar conflitos, rever conceitos, trocar experiências para deixar o time o mais "afinado" possível, pois este jogo não tem fim e recomeça a todo o momento.

Tudo isto faz com que o convite seja especial, tal a sua importância e urgência.

Acredito e reconheço que os Jogos Cooperativos possam ajudar muito nesta **mudança de rota**, pois segundo G. B. Leonard:

> "Não há nada de trivial no voo de uma bola, pois ela traça para nós o curso do planeta... A maneira como se joga pode tornar o jogo mais importante do que imaginamos, pois significa nada menos que a maneira como estamos no mundo" (apud Orlick, p. 105).

Mas uma mudança de rota em primeiro lugar começa com uma **Escolha**.

Então, podemos optar pela cooperação ou pela competição nos jogos e em nossas vidas. Caso nossa escolha seja pela cooperação, podemos contar com um processo de ensinagem que é a dinâmica de ensino-aprendizagem.

Segundo Brotto, a ensinagem apoia-se na interdependência de três eixos:

CONVIVÊNCIA ⇨ CONSCIÊNCIA ⇨ TRANSCENDÊNCIA
(2001, p. 63)

A **convivência:** está relacionada à ação, à vivência e à percepção de si mesmo e dos outros através dos jogos.

A **consciência:** está associada à reflexão sobre a vivência do jogo.

A **transcendência:** busca a transformação, a mudança de atitude desencadeada pelos processos anteriores.

Considerando que o Jogo Cooperativo envolve o ser humano em suas dimensões, física, mental, emocional e espiritual, o processo de ensinagem torna-se uma "ferramenta" importante para tocar as pessoas. Chamar a atenção para a necessidade de uma pausa e reflexão consciente: Os jogos dos quais participamos e oferecemos para as crianças realmente despertam os valores que essencialmente queremos despertar nas pessoas? Os valores intrínsecos aos jogos competitivos apontam realmente para uma sociedade mais humana e fraterna?

Eliminar pessoas por falta de habilidade (seja ela qual for) ou falta de competência não me parece uma boa jogada para um momento em que os homens reconhecem cada vez mais que os principais problemas do planeta só serão resolvidos com o agregar de forças e competências, parece-me mais saudável e coerente criar estratégias para que todos joguem "juntos" e que as competências de **Todos** estejam a serviço do **Todo.**

Jogos Cooperativos na Recreação e no Lazer

Neste momento de nossa caminhada é importante lembrar de alguns parceiros que nos inspirem a continuar o percurso com passadas firmes, lembrando que o melhor sempre está por vir.

É na concepção de Recreação e Lazer como veículo de Educação e Transformação Social que continuaremos nossa abordagem.

Para Antonio Carlos Bramante,

"A transparência do verdadeiro significado da recreação e do lazer para o século XXI deverá impulsionar um processo educativo de convivência criativa com novas experiências..." (1993, p. 163).

Segundo Nelson Carvalho Marcellino,

"Só tem sentido se falar em aspectos educativos do Lazer, se esse for considerado como um dos possíveis canais de atuação no plano cultural, tendo em vista contribuir para uma nova ordem moral e intelectual, favorecedora de mudanças no plano social" (1990, p. 63).

Mas quando falamos de tarefas tão importantes, sinto a necessidade de um alerta geral apontado por Hugo Assmann e Jung Mo Sung, segundo eles:

"Ninguém de nós deveria sentir-se individualmente responsável por carregar todo o peso do mundo. Seria um "castigo" totalmente injusto, uma dívida não cobrável, uma responsabilidade impossível de ser assumida. Por outro lado, porém, não cabe dúvida de que o "nós" coletivo da humanidade já não pode querer eximir-se da responsabilidade, que lhe toca assumir, por aquilo que acontecerá com a evolução da vida nesse planeta daqui para diante" (2000, pp. 18, 19).

Sendo assim, continuemos nossa tarefa, juntos e de mãos dadas.

A prática do lazer, enquanto atividade de livre escolha e exercida no tempo livre, pode proporcionar às pessoas bem-estar, diversão, educação e melhoria da qualidade de vida. Porém fique atento, pois dependendo de como é proposta a sua prática, poderá favorecer uma educação pouco criativa, além de promover a exclusão, elitização e discriminação.

Podemos ainda buscar o desenvolvimento da participação social, da cooperação, da autonomia, do senso crítico e da criatividade, mediante a uma proposta na qual os profissionais envolvidos estejam atentos às múltiplas possibilidades que a Recreação e o Lazer nos proporcionam.

Neste momento observo a necessidade de identificarmos duas situações importantes na oferta de programas de Recreação e Lazer, a primeira está no planejamento e articulação do programa e a segunda na aplicação ou no seu desenvolvimento.

Vejo a interação destes dois momentos como a base para uma ação facilitadora de **aproximações,** desta forma é necessário estar atento à coerência entre o pensamento (planejamento) e à ação (desenvolvimento) para que haja a transformação.

Procurarei, a partir de agora, dentro das contribuições dos Jogos Cooperativos, sugerir como estes dois momentos podem ser desenvolvidos.

No primeiro vejo a cooperação como pano de fundo na articulação de todas as ações em torno de um evento de recreação e Lazer, tomando como exemplo uma rua de lazer desenvolvida em parceria entre o poder público e uma associação de moradores de bairro, podemos realizá-lo cooperativamente em todas as suas etapas de organização, como:

- Na primeira reunião com os grupos envolvidos no evento sensibilizando para a proposta.
- No agrupar das lideranças, com o levantamento de quais as pessoas interessadas em unir esforços para a realização do evento, e quem está disposto a oferecer seus **talentos** a ele.
- Na escolha da programação, na união das competências da própria comunidade para focalização das atividades e viabilização dos equipamentos necessários.
- Na atribuição das responsabilidades de cada um, trabalhando a autonomia do grupo.
- Trabalhando com o conceito de time e de liderança compartilhada.

- Formação de um grupo disposto a fazer a avaliação do evento, levantar os pontos positivos e aspectos a melhorar.

Observo claramente que qualquer ação construída por um grupo onde cada um pode dar a sua contribuição, tem uma possibilidade muito maior de alcançar o êxito, pois além de ter sido feito de acordo com a realidade em que este grupo está inserido, passa a ter a **cara** do próprio grupo.

No segundo momento vejo a manifestação dos Jogos Cooperativos na vivência propriamente dita da Recreação e do Lazer, ou seja embasando uma Pedagogia da Cooperação.

Neste sentido gostaria de apontar e exemplificar as categorias dos Jogos Cooperativos levantados por Orlick (1978) e segundo Brotto:

> "Embora sejam apresentadas em separado, essas categorias se relacionam de uma maneira interdependente, fazendo com que em uma mesma atividade ou situação, mais do que uma delas esteja sempre presente" (2001, p. 85).

a) Jogos cooperativos sem perdedores

Nesta categoria de jogos todos compartilham do mesmo objetivo, formando um **único time**. Estes jogos facilitam ainda o surgimento de questões bem interessantes como: desafio comum, trabalho em equipe, comunicação, respeito e alegria.

b) Jogos de resultado coletivo

Apesar de permitirem a participação de duas ou mais equipes, todos estão envolvidos no mesmo desafio, sendo o resultado desfrutado por todas as equipes. Facilitam a percepção do ritmo do outro e o respeito às diferenças.

c) Jogos de inversão

Nesta categoria, apesar de terem duas equipes que disputam entre si, eles possuem uma estrutura que possibilita aos participantes "trocarem de time" uma, algumas ou várias vezes durante o Jogo. Aprimorando a noção de interdependência e a percepção de que na verdade **todos** fazemos parte de um mesmo time. Além de brincar com a ideia de ganhar ou perder.

d) Jogos semicooperativos

São jogos que facilitam a cooperação entre os integrantes da mesma equipe pois possuem uma estrutura onde as relações de interdependência são acentuadas, além do respeito e confiança.

Ao focalizar um Jogo Cooperativo pense em manter a diversão e o bom humor de todos, inclusive o seu, divirta-se com os jogos e se pintar um clima de festa, ótimo você está no caminho certo.

Caso a cooperação não aconteça, relaxe, todos terão outras chances, lembrando de Brotto, "... o Jogo Cooperativo não garante Cooperação. Ele amplia as chances para que a Cooperação aconteça".

Conclusão

Chegada

Então chegamos a um belo lugar de lindas casas com um rio de águas cristalinas correndo livremente até se perder no horizonte, crianças estão felizes, os amigos nos acenaram e então nós abrimos os braços celebrando o encontro.

Após nossas conversas sobre um mundo em constante transformação, sobre trilhar um caminho, fazer escolhas e mudança de rota, sobre o jogo como um fenômeno de infinitas possibilidades, sobre ver o Jogo Cooperativo e suas contribuições na promoção de valores humanos, sinto que já sou outro e que chego ao final desta caminhada melhor do que iniciei, percebendo como foi bom caminhar com você e compartilhar minhas visões e ações de mãos dadas com o Jogo Cooperativo. Como vamos seguir jogando, é importante que continuemos a ouvir os sinais que ele ainda tem para nos dar, com certeza novos convites virão para descobrir outros caminhos de aventuras imprevisíveis. Esteja pronto e fique atento!

Falamos das contribuições dos Jogos Cooperativos na Recreação e no Lazer como uma estratégia de **Aproximação – aproximar a ação –**, pois sinto que nossos caminhos convergem para o mesmo lugar e que o momento do encontro será, por coincidência ou não, à sombra de uma grande árvore que nos acolherá e fará a brisa soprar refrescante.

Jogos para aplicar

Estamos todos no mesmo saco – jogo cooperativo sem perdedor

- **Objetivo:** fazer um percurso determinado pelo focalizador estando todo o grupo dentro de um saco gigante.
- **Participação:** um grupo de 20 a 40 pessoas.
- **Espaço:** quadra ou espaço amplo.
- **Material:** um saco grande confeccionado em tecido elástico como forro de biquini ou laicra.
- **Desenvolvimento:** podemos começar o jogo questionando se todo o grupo caberia dentro do saco. Após a constatação de que é possível todos entrarem, podemos iniciar o percurso. Mas atenção, não vale andar dentro do saco.

O grupo poderá ter todo o tempo necessário para pedidos de tempo e escolha de novas estratégias, posteriormente podemos aumentar o desafio criando novos obstáculos no caminho a ser percorrido.

Durante o jogo a comunicação é um fator fundamental para o sucesso, caso seja necessário, auxilie o grupo nesta tarefa.

Que tal entrar neste saco gigante junto com um montão de gente?

Dê boas risadas e aproveite bastante.

Travessia – jogo cooperativo sem perdedor
- **Objetivo:** navegar até uma ilha.
- **Participação:** no mínimo 15 pessoas.
- **Espaço:** quadra ou sala ampla.
- **Material:** cadeiras.
- **Desenvolvimento:** iniciamos propondo ao grupo fazer o percurso até uma ilha repleta de tesouros (indicando um ponto de partida e chegada dentro da sala) com as seguintes condições: todos deverão chegar ao destino juntos e com o barco (as cadeiras) sem tocar com nenhuma parte do seu corpo na água (chão da sala). Lembrar ao grupo que não é válido arrastar ou empurrar o barco (cadeira).

  Podemos criar alguns obstáculos para aumentar o desafio do jogo como amarrar braços e pernas, vendar os olhos, etc.

Volençol – jogo de resultado coletivo
- **Objetivo:** realizar o maior número de toques possível.
- **Participação:** 24 pessoas aproximadamente, 12 em cada equipe.
- **Espaço:** referente a uma quadra de voleibol.
- **Material:** rede de voleibol ou similar, uma bola, lençóis, toalhas ou camisas.
- **Desenvolvimento:** as equipes juntas deverão trocar o maior número de passes possível dentro de um tempo determinado, a cada três toques de um lado da rede a bola deverá ser lançada ao outro lado.
- Obs: Podemos colocar duas bolas em jogo para torná-lo mais dinâmico.

Basquetebol salada – jogo de inversão

- **Objetivo:** facilitar o maior número possível de inversões.
- **Participação:** de 8 a 16 pessoas.
- **Espaço:** referente a uma quadra de basquetebol.
- **Material:** uma bola.
- **Desenvolvimento:** imaginem um jogo de basquetebol onde a cada cesta convertida o marcador trocará de time, passando a jogar no time em que acabou de fazer o ponto, podemos ainda experimentar a inversão quando a bola tocar o aro. Fique livre para criar quantas formas de inversão quiser.

Queimada invertida – jogo de inversão

- **Objetivo:** queimar e cuidar para não ser queimado.
- **Participação:** dois grupos com aproximadamente 15 pessoas em cada.
- **Espaço:** um espaço referente a uma quadra de esportes.
- **Material:** uma bola.
- **Desenvolvimento:** o jogo é iniciado com a formação tradicional do jogo de queimada, uma equipe de cada lado e coveiros em seus lugares, quando tiverem dois participantes no lugar do coveiro um deles (o que chegou primeiro) retorna à quadra trocando de time.

Futpar – jogo semicooperativo

- **Objetivo:** fazer gols cuidando do seu parceiro.
- **Participação:** os times serão divididos em duplas, podendo variar de acordo com o espaço a ser utilizado.
- **Espaço:** quadra ou minicampo.
- **Material:** uma bola.
- **Desenvolvimento:** jogamos o futpar de mãos dadas, durante todo o tempo de jogo as duplas não poderão soltar as mãos, caso isto aconteça como penalidade será marcado um pênalti. Podemos ainda criar estratégias como: antes

de ser convertido um gol todas as duplas de uma equipe deverão ter recebido a bola, em caso de dupla mista os gols deverão ser alternados, meninos e meninas.

- Obs: Este jogo pode ficar ainda mais atraente se utilizarmos uma camisa especialmente confeccionada para o futpar onde duas pessoas vestem uma camisa com duas golas.

Referências bibliográficas

ASSMANN, Hugo, MO SUNG, Jung. *Competência e Sensibilidade Solidária*. Petrópolis, Vozes, 2000.

BOFF, Leonardo. *A Águia e a Galinha – Uma metáfora da condição humana*. Petrópolis, Vozes, 1997.

BRAMANTE, Antônio Carlos; MOREIRA, Wagner W. (Org.). *Educação Física e Esportes: Perspectivas para o Século XXI*. Campinas, Papirus, 1993.

BROTTO, Fábio O. *Jogos Cooperativos – O Jogo e o Esporte como um Exercício de Convivência*. Santos, Projeto Cooperação, 2001.

_____. *Jogos Cooperativos – Se o Importante é Competir, o Fundamental é Cooperar* – Santos, Projeto Cooperação, 1997.

BROWN, Guillermo. *Jogos Cooperativos – Teoria e Prática*. São Leopoldo, Sinodal, 1994.

MARCELLINO, Nelson C. *Lazer e Educação*. Campinas, Papirus, 1990.

ORLICK, Terry. *Vencendo a Competição*. São Paulo: Círculo do Livro, 1978.

PAES, Roberto R. *Educação Física Escolar: O esporte como conteúdo pedagógico do ensino fundamental*. Canoas, Ed. Ulbra, 2001.

PUEBLA, Eugenia. *Educar com o Coração*. São Paulo, Peirópolis, 1997.

SOLER, Reinaldo. *Jogos Cooperativos*. Rio de Janeiro, Sprint, 2002.

CAPÍTULO 8

Recreação e a Pessoa Portadora de Necessidades Especiais

Vinícius Savioli

Introdução

É um desafio muito grande retratar o lazer e a recreação para pessoas com necessidades especiais, porque de um lado temos tanto o lazer e a recreação associados à diversão, ao prazer, à brincadeira, à liberdade e espontaneidade, e a expressão "necessidades especiais", por si só traz a conotação de insuficiência, de necessidade de ajuda, de assistência especial. Frente a essas concepções aparentemente antagônicas, como conciliar este binômio? Para começar, estes conceitos têm que estar claros e cristalizados, pois eles darão base e nortearão os trabalhos.

Pessoas com necessidades especiais são aquelas com alterações físicas, sensoriais, mentais ou orgânicas. Alterações físicas refere-se ao comprometimento do aparelho locomotor que compreende o sistema osteoarticular, o sistema muscular e o sistema nervoso. As doenças ou lesões que afetam quaisquer desses sistemas, isoladamente ou em conjunto, podem produzir quadros de limitações físicas de grau e gravidade variáveis, segundo o segmento corporal afetado e o tipo de lesão ocorrida. As alterações sensoriais incluem as deficiências auditivas e visuais. Deficiência auditiva é considerada como a diferença entre a performance do indivíduo e a habilidade normal para a detecção sonora de acordo com os padrões estabelecidos pela American National Standars Institute, sendo que a audição normal corresponde à habilidade para detecção de sons até 20 decibéis. Já a deficiência visual refere-se a uma situação irreversível de diminuição da resposta visual. Pode ser leve, moderada, grave ou profunda e até mesmo ausência total de resposta visual (cegueira). As alterações mentais, ou melhor, as deficiências mentais entende-se pela redução notável do funcionamento intelectual significantemente inferior à média, associado a limitações pelo menos em dois aspectos do funcionamento adaptativo: comunicação, cuidados pessoais, competências domésticas, habilidades sociais, utilização de recursos comunitários, autonomia, saúde e segurança, aptidões escolares, lazer e trabalho. Contribuindo para o amadurecimento desses aspectos do funcionamento adaptativo, caminhamos para classificá-los como: habilidades conceituais, habilidades sociais e habilidades práticas. Por fim, as alterações orgânicas são estados ou doenças como doenças cardiovasculares, doenças infectocontagiosas, pessoas idosas, etc.

Por mais simples ou complexas que sejam estas alterações e independentemente de possuírem uma necessidade especial, estas pessoas trazem consigo uma história de valores, autoestima, preconceitos, sendo a necessidade especial apenas mais uma característica destas pessoas. Assim, diante desta população, inclusive para atividades relacionadas à recreação e ao lazer, não devemos priorizar as dificuldades, as deficiências e a necessidade de um atendimento especial, mas sim descobrir seus potenciais e aprender a melhor forma de lidar com eles, afinal o desenvolvimento de qualquer trabalho não depende de dificuldades. Ao priorizarmos as deficiências, nós "achamos" que eles terão dificuldades ou não conseguirão realizar uma ação e adaptamos algumas propostas na intenção de facilitar sua ação e disfarçar suas dificuldades, de modo que as outras pessoas que estarão interagindo com eles não as percebam. Desta forma nós mascaramos um estado real, escondemos uma situação existente, que não pode passar desapercebida. Reforçamos assim o preconceito, em que a maior característica continua sendo a ignorância.

As pessoas com necessidades especiais normalmente frequentam instituições, clínicas, hospitais e escolas especiais. Nesses locais são previstas todas as dificuldades na realização de atividades de vida diária e de convívio em sociedade, tornando o local o mais próximo ao ideal. Mas se esquecem que, ao saírem deste espaço "protegido", como por exemplo em um parque ou até mesmo clubes, estas pessoas encontram dificuldades em se locomover, agir, pela falta de experiência a esta nova situação, que na verdade não pode ser vista como nova, por fazer parte do cotidiano de todas as outras pessoas. Hoje, uma minoria está incluída no ensino regular e no mercado de trabalho, onde adaptam situações, barreiras arquitetônicas no intuito de tornar a convivência destas pessoas o mais tranquila possível.

Ao depararmos com denominações como, por exemplo, especial, adaptado, entre outras, nos vem em mente atividades e espaços muito específicos e que exigem um esforço para realização, uma grande especialidade ou grandes investimentos, para que uma minoria usufrua. Mas se pensarmos que estas condições proporcionam prevenção de acidentes, arquitetura moderna e possibilidades universais de ir e vir, estamos falando não de uma superestrutura para um público específico ou de uma nomenclatura que gera dificuldades de agir e construir, mas sim de qualidade de vida para qualquer pessoa. Quem não gostaria de, em vez de subir uma escada íngreme, subir uma rampa com leve inclinação ou até subir de elevador? Isto, quando relacionado a espaços de lazer, tem grande importância, pois o momento de descanso e de entretenimento deve gerar momentos agradáveis e de satisfação, e não de cansaço e constrangimento por dificuldades arquitetônicas.

Todos que cercam pessoas com necessidades especiais, tanto a família como também a sociedade, as encaminham para atividades de habilitação e reabilitação, ligadas principal ou essencialmente à sua deficiência, fazendo com que suas agendas de terapias sejam similares a de grandes executivos, tornando essas pessoas estressadas e muitas vezes voltadas só para suas deficiências. O tempo livre quase sempre é desprezado, por desconhecerem que este, se trabalhado, será a fonte de energia e de possibilidades para encarar todas estas batalhas.

Qualquer pessoa é capaz de progresso quando colocada em interação com um ambiente sócio-afetivo livre de tensões e rico em oportunidades que favoreçam a autoconstrução de sentimentos e comportamentos sociais. Durante uma brincadeira em um ambiente livre de cobrança e de desempenho, o ser humano tem espaço para arriscar sem medo de errar, de agir sem medo de perder. Por isto, o lazer tem que fazer parte da agenda destas pessoas, por ser tão importante quanto qualquer outra terapia no processo de habilitação e reabilitação delas ao convívio social. Dependendo da forma como uma ação recreativa é conduzida, podemos agregar ao indivíduo uma série de valores que são assimilados espontaneamente, como a autoestima, a autonomia, a cooperação, o valor real do ganhar e do perder, provando que são situações que todos precisam experimentar, além da oportunidade de convivência.

A autonomia, principalmente para as pessoas que têm defiA autonomia, principalmente para as pessoas que têm deficiência intelectual ou física, é muito exercitada e pode trazer uma série de progressos na convivência em atividades de recreação. Analisando os afazeres na rotina doméstica dos familiares ou responsáveis, que, além dos compromissos de trabalho, têm que preparar a comida, organizar e limpar a casa, dar atenção à família e muitas vezes têm que ajudar seu filho com necessidades especiais nas atividades de vida prática e nas atividades de vida diária. Esta ajuda muitas vezes acaba sendo da forma mais rápida possível, ou seja, fazendo por ele o que com um pouco mais de paciência e tempo a pessoa com deficiência conseguiria executar, deixando-o cada vez mais dependentes até mesmo pela falta de vivências e oportunidades.

Os momentos de lazer e de recreação são situações às quais a pessoa com necessidades especiais enfrenta, muitas vezes, sem a presença dos pais ou responsáveis, consistindo assim situações de desafios, que devem ser superados. Porém, nem sempre esta superação ocorre espontaneamente e muitas vezes o recreador precisa, com muita paciência, incentivá-lo e se necessário auxiliá-lo, mas jamais fazer por ele.

Atualmente, muito se discute sobre inclusão e eu acredito que no lazer e na recreação, por serem desprovidos de situações de competição estressante, como a de mercado de trabalho ou por posição social, encontram-se boas oportunidades para exercitar a inclusão, que não acontecerá apenas em uma ação, mas em uma série de atitudes que englobam valores, respeito e individualidade, de forma lúdica.

O Recreador e a pessoa portadora de necessidades especiais

"As águas de um rio, quando represadas e canalizadas, transformam-se em forças produtivas, a serviço da vida. Isto porque a dinâmica das águas é comandada. Não comandadas ou mal comandadas, irrompem de forma selvagem, transformando-se em destruição e desolação. Assim, nos grupamentos humanos, as energias fabulosas que emanam, tornarão os rumos da comunicação, da cooperação e da integração, ou então, do conflito, da agressividade e da desagregação, dependendo do tipo de comando ou de liderança que neles exerce."

A partir deste texto, considerando o recreador como o comando e a pessoa com necessidades especiais as águas, podemos entender que o recreador, em momentos de recreação com pessoas com necessidades especiais, é a pessoa mais importante, porque ele é o facilitador das ações, é quem canalizará todas as possibilidades. Ele tem que fazer da recreação uma atitude acolhedora, não importando a idade, o sexo, a cor e a presença ou não de alterações; tem que investir em situações criativas e lúdicas, transformando o tempo livre em momentos de prazer, as diferenças em igualdades, e quando estiver em igualdades respeitar as diferenças, porque neste momento o mais importante é fazer com que todos estejam felizes.

Todas as pessoas, por mais semelhantes que sejam no que diz respeito a idade, cultura, condição social, entre outras, possuem formas diferentes de olhar, sentir, perceber... e aí, quando as diferenças surgem, o recreador pode amenizá--las, e isto dependerá da forma como ele agir. O recreador deve ser sensível às reações do grupo, levar em consideração sua capacidade intuitiva, respeitar as individualidades dos participantes, estabelecer limites claros, tratar todos em igualdade, saber ouvir e interpretar as situações que ocorrem no grupo, manter sigilo sobre assuntos pessoais que acontecem no grupo, não subestimar o potencial das pessoas e trabalhar proativamente. Durante um momento de recreação, estas atitudes, entre outras descritas no quadro 1, "facilitarão e nortearão o trabalho do recreador".

Desta forma, a convivência se tornará agradável e espontânea, contribuindo para o bom andamento das atividades.

Durante a programação e a elaboração de brincadeiras, o recreador precisa estar atento a alguns fatores:

a) Conhecimento dos participantes: identificando as características do grupo.

Foto 1: A alegria dos recreadores e das pessoas com necessidades especiais.

Foto 2: A satisfação na convivência.

b) Comunicação: deve ser clara de modo que possa ser compreendida por todos, realizada de forma verbal ou não verbal, por folhetos, painéis informativos.

c) O recreador deve estar ciente das alterações dos participantes com necessidades especiais, mesmo que familiares ou responsáveis não estejam presentes e o participante não consiga verbalizá-las. Na condução das brincadeiras, o recreador deve fazer valer que o que importa é a satisfação e a alegria de estar participando e a competição pode existir de forma que favoreça a cooperação de todos.

Quadro 1: Atitudes durante a recreação

Acolhedora	Olhar	Deve ser sincero e transmitir segurança
	Toque	Deve ser espontâneo, firme e carinhoso, com cuidado para não ser infantil, nem piedoso
	Falar	Deve ser sincero, não prometendo coisas que não poderão ser cumpridas
		Falar alto e claro, mas não gritar
Facilitadora	Locomoção	Quando sentir necessário, o recreador deve perguntar se a pessoa portadora de necessidades especiais está precisando de ajuda e, ao locomovê-la, explicar para onde está indo e o que irá ser feito
	Higiene	Orientá-las como fazer e se possível não fazer por elas
	Inclusão	Nas dificuldades apresentadas, o recreador deve se tornar parte integrante do grupo e promover que todos do grupo ajudem a superá-las
Criativa	Alegre	Ser sensível para buscar sempre ações positivas
		Mostrar espontaneidade na execução de brincadeiras
	Motivadora	Estar sempre presente, disponível para auxiliar quando necessário e sempre incentivando a realização das atividades
	Atualizada	Apresentar brincadeiras novas e variadas
		Utilizar técnicas cooperativas que despertem interesse

Eventos de Recreação e as Pessoas Portadoras de Necessidades Especiais

Nas ações de recreação, podemos perceber a importância de momentos de lazer na vida de pessoas com necessidades especiais. A seguir, serão descritos alguns eventos que facilitam a interação das pessoas portadoras de necessidades especiais com sua família e com outras pessoas:

Passeios

Podem ser programados com a participação da família ou não. Podem acontecer em locais como parques, shopping center, teatros, cinemas, zoológicos, entre outros. De preferência que seja oferecido um ônibus para que todos possam ir ao passeio juntos, contando com a presença de uma equipe de recreadores para tornar o ambiente mais agradável.

Este tipo de evento é importante para que a pessoa portadora de necessidades especiais se inclua no contexto social, frequentando lugares onde todos frequentam. A participação da família neste evento é relevante, pois, nestes

Foto 3: Passeio de trem.

momentos, a convivência das pessoas com suas famílias são livres de cobranças estabelecidas na rotina doméstica, dando a oportunidade dos filhos enxergarem os pais como amigos e participativos em todos os momentos de sua vida. A falta deste tipo de convivência faz com que as pessoas, quando estão longe dos pais ou responsáveis, tornem-se mais independentes e acabem dando menos trabalho.

Encontros de finais de semana com as famílias

Podem acontecer em colônias de férias, pousadas, hotéis, e tem o intuito de proporcionar a interação entre famílias de pessoas portadoras de necessidades especiais entre si e com outras famílias. Em relação ao transporte, de preferência que também sejam oferecidos ônibus, proporcionando maior conforto e a maior integração entre os participantes do encontro.

Este evento exige uma equipe de profissionais que elabore uma programação de recreação para toda a família. Devem ser programadas atividades com todos em conjunto, bem como atividades para as pessoas portadoras de necessidades especiais e para a família separadamente. Assim, são proporcionados momentos nos quais os pais e responsáveis usufruem do lazer longe de seus filhos, "descansando" de suas rotinas diárias. As atividades devem objetivar não só a diversão, mas também a quebra de rotinas.

Colônia de férias

O período de férias escolares é um grande problema na vida dos pais ou responsáveis que têm compromissos de trabalho, pois nem sempre essas férias coincidem com a deles e as pessoas com necessidades especiais ficam em casa, sem nenhuma opção. Além disto, muitas alterações comprometem a independência e a autonomia das pessoas, como a tetraplegia, o mal de Alzheimer, a deficiência mental grave, o autismo, e exigem um auxiliar ou supervisor para realização de qualquer atividade, e sem as escolas ou instituições compromete a vida de todos que o cercam.

Neste tipo de evento, as pessoas passam o dia com uma equipe de recreadores, sem a companhia de familiares ou responsáveis, realizando atividades de recreação, conhecendo opções de lazer, retornando para casa ao final do dia. Pode ocorrer em locais como clubes, hotéis, ou então passeios para vários locais diferentes.

A programação do evento dependerá do local onde será realizado. Se o local for sempre o mesmo, como por exemplo um clube, será necessária a programação de muitas atividades recreativas e locais de alimentação; porém se a cada dia for escolhido um local diferente, a programação deve incluir locais a serem visitados, onde serão realizadas as refeições e a forma de transporte, que deve ser compatível a todas as pessoas, mesmo as que apresentarem deficiências físicas, mas infelizmente, nem todos os ônibus de turismo estão preparados para atender qualquer pessoa. Os locais devem ser previamente visitados e combinado com a direção formas de funcionamento com antecedência.

É importante salientar que a maioria dos locais de lazer não estão preparados para receber qualquer público, principalmente no que diz respeito a barreiras arquitetônicas. Algumas vezes, o trânsito de pessoas com algum tipo de alteração nestes locais, provoca a necessidade de mudanças e sensibiliza a opinião pública, fazendo com que a direção desses locais repense na qualidade de atendimento.

Exemplo disto ocorreu em uma colônia de férias que minha equipe programou para um grupo de pessoas com necessidades especiais. O passeio foi a um parque de São Paulo, onde para descermos ao local de lazer, o único acesso era uma escada íngreme, e em nosso grupo contávamos com a presença de três cadeirantes. Para solucionarmos este problema, juntamos três recreadores e carregamos os cadeirantes, um de cada vez até embaixo. É claro que a tarefa foi feita com muita disponibilidade e alto astral por parte da equipe. Porém, era final de semana e o parque estava lotado e as muitas pessoas que presenciaram o problema acharam um absurdo o fato de não existirem rampas em um lugar público. O constrangimento da direção do parque foi tão grande que três meses após, a escada foi substituída por rampas, facilitando assim a circulação de qualquer pessoa.

As soluções só surgem quando surgem os problemas.

Foto 4: A alegria dos participantes.

Acampamento

Neste evento, os participantes, aqui chamados de acampantes, passam no mínimo uma semana dormindo em barracas ou alojamentos, com a companhia de recreadores e sem a presença de pais ou responsáveis.

O acampamento é uma oportunidade única dos acampantes se conhecerem e formar laços de amizades duradouros, aprenderem muito com a independência supervisionada pelos recreadores, superarem medos, ansiedades e dificuldades e vivenciarem com muita intensidade momentos de convivência em grupo.

Em se falando de lazer, esta semana será de situações divertidas, prazerosas, onde o tempo será ocupado com atividades recreativas e momentos livres.

Deve ser dada atenção especial à programação das atividades recreativas, pois esta conduzirá os dias de acampamento. Para facilitar o envolvimento dos acampantes, é importante que as atividades sejam estoriadas, promovendo mistérios, desafios, cooperação, fantasia e teatralismo. Os recreadores, além da elaboração e execução das atividades, são os responsáveis pela supervisão nas atividades de vida diária como alimentação e higiene; a administração das medicações aos acampantes, é responsabilidade da enfermagem que compõe a equipe de profissionais durante um acampamento de pessoas com necessidades especiais. Como em qualquer acampamento, os profissionais devem ter noções básicas de primeiros socorros.

Atividades recreativas e a pessoa portadora de necessidades especiais

Em todos esses eventos, as atividades recreativas são as mesmas utilizadas para pessoas que não apresentam necessidades especiais, o que variará será a abordagem dos recreadores. Porém, algumas atividades trazem facilidades em grupos heterogêneos e são largamente utilizadas em eventos recreativos para pessoas com necessidades especiais, como:

Caças

Os recreadores se espalham e se escondem em um determinado espaço, e um recreador explicará o funcionamento da atividade. Esta atividade pode ser tematizada, como caça ao tesouro, caça à princesa perdida, caça ao clone..., dependendo da criatividade da equipe, e para dar maior veracidade e envolvimento à proposta, os recreadores podem estar caracterizados de acordo com o tema.

Os recreadores espalhados e/ou escondidos darão pistas falsas ou verdadeiras para os grupos, porém estes só receberão estas pistas após a execução de determinadas tarefas, de preferência que estimulem o envolvimento de todos os integrantes do grupo. O final da brincadeira é quando, juntando todas as pistas, selecionando as verdadeiras, o objetivo do caça, geralmente um personagem devidamente caracterizado, é encontrado.

Ao executarmos esta brincadeira, é importante salientarmos algumas atitudes:

a) O desafio nesta proposta pode estar além de encontrar o objetivo do caça, o de ser mais rápido do que as outras equipes em conseguir as pistas. Para isso, os recreadores terão que administrar as tarefas de forma que não se tenha disparidade entre a equipe vencedora e as equipes perdedoras, assim, a brincadeira se mantém motivada.

b) Os recreadores devem conduzir a atividade de forma que o desafio do grupo seja encontrar as pistas e não competir com as equipes.

c) Além dos recreadores espalhados e do recreador que irá contar o tema-estória, são necessários recreadores envolvidos em cada equipe para manter a segurança, motivação e ajudar em eventuais necessidades.

Foto 5: Realização de um caça durante um acampamento.

Foto 6: Realização de um caça durante um acampamento.

Gincanas

As gincanas caracterizam-se por uma série de tarefas desafiadoras, e os recreadores, na elaboração dessas atividades, devem se preocupar com as diferenças culturais e de habilidades motoras dos participantes, além de clareza no estabelecimento das regras.

Para que a atividade seja motivada, deve-se estabelecer tempo suficiente para que todos realizem as tarefas propostas pelo recreador. Algumas variações podem ser realizadas para promover melhor integração dos participantes, como:

1. Todos os participantes são separados em equipe e cada equipe deverá executar determinada tarefa, que, de forma justa, será sorteada. E quando uma equipe cumpre sua tarefa, ela deverá ajudar as outras, para que todas as equipes consigam realizar as tarefas a tempo.

2. Todos os participantes fazem parte de uma única equipe e receberão do recreador uma lista de tarefas para serem

realizadas em um determinado tempo. A partir de um sinal do recreador, os participantes se organizam para cumprir todas as tarefas. Nesta proposta, os recreadores, envolvidos no grupo, trabalharão como facilitadores e não como organizadores de equipe.

As tarefas deverão respeitar o nível do grupo ou das equipes, de forma específica para cada equipe preestabelecida ou para o grupo. Estas tarefas poderão ser musicais, culturais, de habilidades físicas, com propostas relacionadas entre si, funcionando como um circuito ou ainda com tarefas mistas.

Foto 7: Organização de gincana com pessoas portadoras de necessidades especiais.

Entre as pessoas portadoras de necessidades especiais estão aquelas que apresentam características autistas, ou dificuldades de concentração, exigindo algumas condutas específicas do recreador para um melhor aproveitamento destas pessoas e o bom andamento da atividade.

Num primeiro momento, o recreador deve deixar estas pessoas conheceram o local onde serão realizadas as atividades. Durante a realização das tarefas, o recreador deve se preocupar apenas com a segurança delas e dos demais participantes. O recreador não deve ficar o tempo todo de mãos dadas, apenas deve contê-las em situações em que elas possam se machucar ou atrapalhar o andamento da tarefa, caso contrário, deve acompanhá-las e procurar integrá-las, de forma não insistente. Nas atividades em locais muito amplos, principalmente se várias pessoas do grupo apresentarem estas características, pode ser feito um quadrado de recreadores, como ilustrado na figura 1, para que nenhum participante disperse, lembrando sempre que a participação nas atividades não precisa ser intensa para percebermos o prazer e a satisfação de algumas pessoas, muitas vezes estes sentimentos são conseguidos só com a contemplação. Em nossa experiência, esta é uma forma comum no decorrer do convívio. Quando se estabelece vínculos, elas se tornam cada vez mais participativas e procuram o contato espontaneamente, normalmente com pessoas que possuem mais afinidade. Quando não são obrigadas a fazer e as intervenções dos recreadores são espontâneas, pessoas com características autistas participam e muitas vezes nos surpreendem.

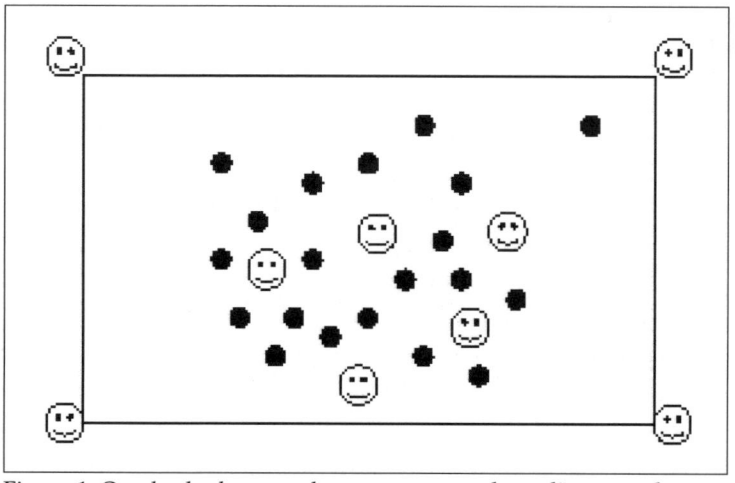

Figura 1: Quadrado de recreadores, para controlar a dispersão durante a atividade.

Conclusão

O lazer é possível e também é uma necessidade na vida das pessoas portadoras de necessidades especiais. Concluo isto baseado nas experiências de um Programa de Lazer e Recreação existente há 15 anos em uma associação de pessoas portadoras de deficiências – APABB (Associação de Pais e Amigos de Pessoas Portadoras de Deficiências de Funcionários do Banco do Brasil). Com este programa, conseguimos definir as reais dificuldades e os benefícios do lazer e da recreação para estas pessoas.

A partir daí, nomenclaturas, atitudes, posturas, enfim a maneira de ver o lazer para pessoas portadoras de necessidades especiais ficou mais claro. Aprendemos que conseguiremos fazer um bom trabalho quando enxergarmos nas pessoas portadoras de necessidades especiais não suas deficiências, mas sua dignidade, sua história de conquistas e principalmente sua vontade de viver, e, assim, vimos que essas são as pessoas que devem ser respeitadas e terem o direito de pelo menos uma oportunidade.

Acreditamos que técnicas "especiais" de atuação e o treinamento de recreadores com responsabilidade e envolvimento são necessários sim, quando trabalhamos com pessoas portadoras de necessidades especiais, porém, o conhecimento e o emprego destas técnicas, bem como o treinamento profissional, proporcionarão melhor qualidade de trabalho em todos os grupos e não apenas a um grupo tão específico com o de pessoas portadoras de necessidades especiais, afinal, quem realmente são estas pessoas?

E os que querem trabalhar ou mesmo nós que trabalhamos com recreação e lazer, apesar de afinidades por grupos específicos, não podemos trabalhar com grupos escolhidos pelo nível social, cor, idade, sexo, nem tampouco pela presença de necessidades especiais, mas sim acreditar em todas as pessoas, investir em todas as possibilidades, pois o nosso principal objetivo, independentemente do grupo em que se trabalha, é proporcionar o bem-estar.

Referências bibliográficas

BROTO, F. O. *Jogos cooperativos*. São Paulo, USP, 1993.

BLASCOV-ASSIS, S. M. *Lazer e Deficiência mental,* 2ª ed., São Paulo, Papirus, 1997.

CAPRA, F. *O ponto de Mutação,* São Paulo, Cultrix, 1982.

CAVALLARI, V. R.; ZACHARIAS, V. *Trabalhando com recreação.* 5ª ed., São Paulo, Ícone, 2001.

FEDERAÇÃO DAS APAES DO ESTADO DE SÃO PAULO, *Prevenção – a única solução,* São Paulo, APAE, 1991.

LUCKASSON, R. et. al. *Mental retardion: definition, classification and systems of supports.* 9ª ed. Washington, AAMR, c 1992, 1997.

MARCELINO, N. C. *Estudos do lazer, uma introdução.* São Paulo, 1996.

MILITÃO, A. & R. *Jogos, Dinâmicas & Vivências Grupais.* 1ª ed., Rio de Janeiro, Ed. Qualitymark, 2000.

PEDRINELLI, V. J. Educação Física adaptada: a criança portadora de DM, DA, DF e a prática de atividades físicas. Curso de Extensão, Escola de Educação Física da USP, 1991.

ROSADAS, S. C. *Educação Física Especial.* Rio de Janeiro, O Livro Médico, 1984.

CAPÍTULO 9

Recreação em Acampamentos

Luiz Aurélio Chamlian

Diferenças entre acampamentos e acantonamentos

O acantonamento, para grande parte da sociedade e profissionais que atuam nessa área, é chamado de acampamento de férias, acampamento educativo ou, até mesmo, acampamento recreativo.

Para diferenciar os conceitos de acampamento e acantonamento, consideramos, segundo Cavallari e Zacharias (2003), dois aspectos: a atitude e o espaço físico.

A atitude de acampamento significa instalar-se em barracas e o espaço físico de um acampamento pode ser qualquer local onde as barracas são montadas (Cavallari e Zacharias, 2003).

Acantonamento sugere uma infraestrutura melhor em termos de saneamento básico, como água, luz e esgoto, além de áreas destinadas às atividades de lazer, como piscina, quadra, campo, entre outras. De acordo com Silva

(2004), trata-se de um local onde se conta com infraestrutura adequada à atender a criança ou adolescente por vários dias.

O local pode ser uma fazenda, um sítio, uma chácara ou até mesmo um hotel. Para realizar um acantonamento, a atitude é essencial, como afirmam Cavallari e Zacharias (2003, p. 38):

> Quando um grupo de pessoas com alguma característica comum se desloca para um mesmo lugar, tendo pelo menos um objetivo comum e com espírito lúdico, essas pessoas estarão fazendo um acantonamento.

A partir das minhas leituras, acredito que o nome acantonamento originou-se de cantões (da palavra cantão), que quer dizer qualquer divisão territorial; provavelmente, quando as pessoas acampavam em grupos, se instalavam nos cantos da área do acampamento, surgindo a expressão "acantonar" e, posteriormente, "acantonamento".

No entanto, quando falamos em acampamento ou acampamento educativo, neste capítulo, referimo-nos ao acantonamento.

Histórico dos acampamentos

Acantonamento educativo: origem

Segundo Eells (1998), acampar é tão velho quanto o próprio homem, talvez como a vida primitiva dos primeiros colonizadores. Outros associam o acampamento organizado à vida indígena ou aos acampamentos militares. O acantonamento educativo, como conhecemos hoje, originou-se nos

EUA, apesar das características europeias, com princípios e experiências da vida em comunidade.

Devido ao patriotismo romântico do início da Guerra Civil, os alunos da Gunnery School for Boys, em Washington, no Estado de Connecticut, sonhavam com uma chance de marchar e acampar em barracas ou dormir no chão como faziam os soldados. Frederick William Gunn, o diretor, foi receptivo à ideia (Ball, 2000).

Gunn enxergava valor na avidez dos meninos para viver a vida de um soldado e com sua mulher levou toda a escola numa viagem de duas semanas no final do ano letivo, em agosto de 1861. De acordo com a filosofia de Gunn, o grupo vivia simplesmente e se responsabilizava por sua própria comida e tarefas. Os meninos apreciavam nadar na rebentação, pescar e jogar, com músicas e histórias ao pé da fogueira à noite.

Segundo Ball (2000), em razão do movimento rumo ao oeste dos EUA e da Revolução Industrial, um grande número de famílias passou a morar e a criar seus filhos em grandes centros urbanos, em ambientes limitados e sob a disciplina rígida das escolas tradicionais. Assim, sentiu-se a necessidade de explorar ambientes abertos e com muito sol, principalmente nas férias de verão. Os acampamentos pareciam ser uma saída.

O acampamento a que nos referimos é aquele que se baseia na filosofia americana: os jovens ao ar livre, dedicam-se a experiências alegres com valores educativos, junto a monitores especialmente selecionados por suas habilidades e competências de compreensão e liderança.

Afirma Eells (1998) que o acampamento organizado (acantonamento) se espalhou por todas as partes do mundo: Europa, Ásia, América do Sul, Pacífico Sul e África, padronizado mais ou menos de acordo com aqueles dos Estados Unidos. Os países comunistas, assim como muitas religiões e grupos políticos, utilizam o acampar como meio de propagar seus princípios e realizações.

O escotismo

Para falarmos de acampamento não podemos deixar de evocar o nome de um dos maiores educadores de todos os tempos, infelizmente muito mal compreendido, Baden-Powell, o fundador do escotismo (Ramos, 1945).

Segundo Ramos (1945), foi o General inglês Robert Stephenson Smyth Baden-Powell que teve a genial ideia de aproveitar a vida de Acampamento, para, por meio dela, realizar Ação Educativa.

Sabemos que muitas influências do escotismo permanecem até hoje na prática dos acampamentos educativos, principalmente nas normas e regras voltadas à disciplina e organização.

Ramos (1945, p. 6) aponta:

> Foi na guerra do Transvaal. Para a defesa de Mafeking, era necessário aproveitar todos os recursos. Baden-Powell aproveitou os rapazes para serviços ligeiros, tais como ajudas na condução de feridos e nos hospitais, transmissões de ordens, sinalagem e outros. Os rapazes desempenharam-se às mil maravilhas. Baden-Powell, ótimo observador e admirável psicólogo, soube inteligentemente concluir que os rapazes são capazes de prestar ótimos serviços e adquirir forte noção das responsabilidades, quando se soube interessá-los, interesse esse que se consegue tocando-os pelo ponto de honra.

Desta forma, Baden-Powell teve a ideia de realizar um sistema educativo, baseado na vida de acampamento, principalmente quando percebeu, após a guerra, que a vida citadina prejudica a vida social do homem, tornando-o egoísta e vaidoso (Ramos, 1945).

Em 1907, acampa com trinta rapazes, na ilha de Brownsea, perto de Portsmouth. Em maio de 1908, aparece em Londres o seu livro "Scouting for Boys".

De acordo com Ramos (1945), o movimento se espalhou por todo o mundo, despertando um grande interesse por parte da juventude.

Os acantonamentos no Brasil

Segundo dados da ACM (Associação Cristã de Moços, 2003), o primeiro acantonamento surgiu em 1927, chamado até hoje de Miron Clark, situado na serra das Araras, no Estado do Rio de Janeiro. Em São Paulo, suas atividades de acantonamento começaram em 1945, no Acampamento Billings. Silva (2004) afirma que *sem fins lucrativos, essa associação guiava-se pelo modelo americano, onde se trabalhavam valores advindos do cristianismo, juntamente à educação integral e à recreação.*

No acampamento Paiol Grande, as primeiras temporadas masculinas aconteceram em janeiro e fevereiro de 1948. A primeira temporada feminina se realizou em julho de 1949, atraindo cerca de 70 rapazes e 17 moças, entre 10 e 16 anos (www.paiolgrande.com.br).

No acampamento Nosso Recanto, em julho de 1953, foi realizada a primeira temporada de férias organizada por profissionais brasileiros, coordenada por um professor da área de educação, o qual, com atividades educativas e esportivas, visava dar continuidade ao trabalho desenvolvido nas escolas (Silva, 2004).

De acordo com Pereira (1998), as Igrejas evangélicas, antes mesmo da década de 40, utilizavam-se de uma atividade turística, que visava manter jovens e adolescentes longe dos folguedos carnavalescos. O conteúdo era extremamente espiritual, com uma didática baseada exclusivamente na preleção. A liderança não valorizava as atividades sociais e recreativas e alguns as consideravam irrelevantes ou, mesmo, impróprias.

Até a década de 60, esse tipo de trabalho sofreu pouca influência estrangeira em sua forma. A partir de 1970, missionários americanos trouxeram o *Summer Camp*, Acampamento de Verão (Pereira, 1998).

Entre as organizações de maior expressão, Mocidade para Cristo, ligada à Youth For Christ (YFC), de origem americana, concentrou seu trabalho em Belo Horizonte, MG; Palavra da Vida, ligada à Word of Life (WOL), também de origem americana, fixou-se em Atibaia, SP; Jeans Team, de origem alemã, em Gramado, RS, e o MAB, de origem suíça, em Cosmópolis, SP. Outras organizações chegaram a estabelecer-se, porém, tiveram curta duração (Pereira, 1998).

Stoppa (2004, p. 9) aponta:

> Há em todo o Brasil, principalmente na Região Sudeste do País, a presença de uma centena de espaços de lazer chamados acampamentos de férias e, em alguns casos, de acantonamentos de férias, que são locais destinados a receber grupos de crianças e adolescentes nos períodos de férias escolares ou, ainda, grupos de escolas, igrejas, famílias e empresas em outras épocas do ano.

Tipos de acantonamentos educativos no Brasil

Cada acantonamento deve ter sua própria identidade, independente das pessoas que o coordenam ou nele desenvolvem as atividades.

A identidade do acantonamento gera tradição e, consequentemente, identificação com um determinado público, faixa etária e grupos que possam vir a frequentá-lo.

Muitos acampamentos passam por essa fase de criação de uma identidade própria e, em muitos casos, acabam mesclando várias filosofias e formas de trabalho. Alguns tornam-se um parque temático para crianças devido a grande quantidade de equipamentos lúdicos e atrações oferecidas; outros enfatizam campeonatos esportivos, entrega de prêmios, medalhas; outros se voltam para atividades de aventura, escaladas, trilhas, fogueira, estudos do meio ambiente, projetos pedagógicos e atividades ecológicas e, ainda, outros para o estudo de línguas estrangeiras, alguns para grupos especiais, como portadores de deficiências mentais e físicas; grupos de diabéticos, acampamentos para a terceira idade e para grupos religiosos, promovendo encontros e retiros espirituais (saudação ao sol, orações, etc.) (Silva, 2004).

O que não podemos confundir é a prática do acantonamento com o fim de distração, lazer, de prazer da vida ao ar livre com o acantonamento como meio que tem em vista atingir um fim – educar.

Ressaltamos que, em ambos os casos, a situação educativa sempre existirá, o fato é que o objetivo principal norteará a programação e a atuação dos profissionais envolvidos.

Escolas de 1º e 2º graus, durante o ano letivo, proporcionam esse tipo de atividade extraclasse como complemento educacional. Em janeiro e julho, a maioria dos acantonamentos organiza suas temporadas de férias, variando entre cinco e doze dias, para um público aberto de crianças e jovens entre cinco e quinze anos. Alguns acantonamentos organizam quatro temporadas durante um mês.

Segundo a Associação Americana de Acampamentos (2004), existem cerca de 11.000 acampamentos organizados nos Estados Unidos, servindo, a cada verão, aproximadamente 4.000.000 de crianças e adultos. Há acampamentos em todos os Estados e para todos os tipos de acampantes.

No Brasil, ainda não temos estudos precisos que apontem o número de crianças e jovens que frequentam esses espaços durante o ano e tampouco nas férias de inverno e de verão.

Objetivos do acampamento educativo

A maioria dos Acampamentos Educativos procura, por meio da sua filosofia e de suas atividades, direta ou indiretamente, atingir seus objetivos, tanto gerais, como específicos. Muitas vezes, os grupos que frequentam ou desejam experimentar os acampamentos já sabem e planejam com antecedência quais serão esses objetivos. Assim, tanto os responsáveis do grupo, como do próprio acampamento, trabalham em conjunto e montam suas estratégias.

Objetivos gerais

Veremos quatro objetivos gerais atrelados à maioria dos acampamentos educativos:

1. Extravasar energia

A criança, o jovem ou o adolescente que está no acampamento sente a necessidade de extravasar suas energias, de correr, de brincar em locais abertos, de sentir liberdade, principalmente aqueles provenientes das grandes cidades, os quais passam a maioria do tempo dentro de suas casas ou apartamentos, consequência da ausência de locais disponíveis e seguros para a prática do lazer.

2. Promover o espírito de cidadania e do viver em comunidade

O fato de o próprio acampamento ser caracterizado por horários, onde os acampantes acabam realizando a maioria das atividades ao mesmo tempo, como, por exemplo, a alvorada, as refeições, as "brincadeiras", o recolher, etc., naturalmente o exercício da cidadania e do viver em comunidade são trabalhados e é a partir daí que o trabalho dos profissionais diferencia-se, pois através de valores, como a amizade e o respeito, a "cidade" que passa a ser o acampamento se torna melhor de ser "vivida".

3. *Inspirar a colaboração e a iniciativa*

Fora de casa e longe dos pais ou responsáveis, o acampante entende que ele é o principal responsável pelos seus pertences e pelas suas decisões; tendo que instintivamente, (quando colocado em situações que o próprio acampamento possibilita, como arrumar a sua cama, organizar as suas roupas, retirar o prato da mesa do refeitório e assim por diante), inserir-se dentro de um processo natural, buscando uma maior independência, colaborando uns com os outros e tendo iniciativa, a fim de não ficar fora do contexto. É importante ressaltar que todas as situações proporcionadas pelo acampamento não devem ser colocadas de uma forma obrigatória, militar, mas sim de uma forma lúdica e ao mesmo tempo democrática, ensinando, orientando e brincando, para o acampante sentir prazer e satisfação ao realizar tais atividades, tendo também a consciência do porque é importante realizá-las.

4. *Preencher as horas de lazer*

Muitas pessoas envolvidas com o trabalho de acampamento (recreadores, coordenadores e até diretores) talvez esqueçam desse objetivo, que considero um dos mais importantes, já que a maioria afirma que o acampamento é feito para os acampantes e que o acampante tem sempre razão, mas parece-me que na prática não lembram que os momentos "livres" fazem parte da programação e por isso devem ser respeitados os anseios e as expectativas voltadas ao lazer.

Objetivos específicos

Em relação aos objetivos específicos, também abordaremos quatro, considerando que eles estão intrínsecos nos objetivos gerais e que, com certeza, são fundamentais na proposta de muitos acampamentos.

Os principais são:

1. Proporcionar o contato com a natureza

Baseando-se nas primeiras filosofias de acampamento, este objetivo é muito respeitado e, sem dúvida, um dos mais utilizados hoje, existindo grupos e agências especializadas em realizar estudos, vivências e dinâmicas, as quais desenvolvem um maior conhecimento, contato e respeito pelo meio ambiente.

Como já foi citado, aqueles que vêm dos grandes centros urbanos buscam muitas vezes estar junto à natureza, e como a maioria dos acampamentos são construídos afastados das cidades, com muita área verde e riquezas naturais, acabam sendo uma opção muito desejada.

2. Sociabilizar e integrar os participantes

É fundamental e de extrema importância que o acampamento aplique atividades recreativas de quebra-gelo e integração, desde a viagem no ônibus até o encerramento, pois, sem dúvida, o contato e a convivência 24 horas, mesmo daqueles que vão para o acampamento se conhecendo, fortalece a amizade e proporciona um conhecimento mais a fundo das atitudes, comportamentos, hábitos e costumes do próximo; lembrando sempre que devemos respeitar a individualidade de cada acampante, nunca forçando uma situação ou expondo-o, deixando que paulatinamente o próprio participante, seja ele monitor, acampante, professor ou acompanhante, se envolva naturalmente, motivando-se de maneira espontânea a conhecer as pessoas por meio do principal instrumento: as atividades lúdicas.

3. Conscientizar a relação dos direitos e deveres

A partir do objetivo geral de promover o espírito de cidadania e do viver em comunidade, temos até mesmo como consequência natural a conscientização da relação dos direitos e deveres; porém é necessário que essa expressão (direitos e deveres) se faça presente logo no primeiro contato com o grupo, e que todos os envolvidos trabalhem da mesma forma, não precisando "dar bronca" e/ou se indispondo com algum acampante, pois este não é o papel do monitor, mas sim, mostrar para o acampante, através do diálogo, que ele possui o direito de brincar, de se alimentar, de participar, etc., mas que, em contrapartida, ele deverá cumprir alguns deveres, como o de organizar suas coisas, respeitar alguns horários, estar atento às normas de seguranças, entre outros, apenas para manter uma certa ordem, e principalmente a segurança necessária para e execução da programação.

4. Aquisição de autoconfiança

Posso afirmar que muitos pais mandam seus filhos para os acampamentos com o objetivo de ver o filho voltando para casa um pouco mais independente e seguro de suas atitudes. O ritmo e a filosofia do acampamento gera, quando bem trabalhado, a autoconfiança, tendo em vista que esse sentimento está ligado diretamente a um outro fator, que é o da autoestima.

Consequentemente, os profissionais de lazer precisam ter em mente que no acampamento recreativo educacional não existem palavras como incapacidade, insegurança, preconceito, fracasso, entre outras, que comprometem o desenvolvimento sócio-afetivo e de maturação dos acampantes. Na opinião de Cavallari e Zacharias (2003, p. 16), "*A prática da recreação busca levar o praticante a estados psicológicos positivos*".

Programação de um acampamento educativo

Elaboração de uma programação de lazer

Todos os objetivos apresentados somente poderão ser atingidos se a programação do acampamento eleger atividades embasadas em princípios e conceitos. Acreditamos que o acampante ao final do evento saia (trans)formado, ou seja, que leve para o cotidiano de sua vida prática alguns hábitos e experiências que vivenciou, experimentou e conheceu, além dos desafios que superou, descobertas pessoais, e que isso faça parte de seu cotidiano (Alves e Chamlian, 2004).

Acrescenta-se a isso a importância das atividades serem fundamentadas nos conceitos da recreação, do lazer e educacionais para que se possa também mudar a imagem do profissional, o qual Marcellino (2004), chama de "tarefeiro". Este, sendo alguém que desconhece a teoria, reduz sua atuação a um fazer não-refletido, um mero reprodutor.

Quando nos referimos a esta teoria, reportamo-nos aos conceitos básicos do lazer apresentados por Dumazedier (1973, p. 93) quando afirma que:

> "... o lazer é um conjunto de ocupações as quais o indivíduo pode entregar-se de livre vontade, seja para repousar, seja para distrair-se, recrear-se e entreter-se, ou ainda, para desenvolver sua formação desinteressada, sua participação social voluntária ou sua livre capacidade criadora após livrar-se de suas obrigações profissionais, familiares ou sociais".

Camargo (1998) complementa ressaltando que atividades são prazerosas, de livre escolha, que buscam compensar ou substituir algum esforço que a vida social impõe.

Adicionando-se a esta temática, Cavallari & Zacharias (2003) sugerem que o lazer é um estado de espírito em que o ser humano se coloca, instintivamente, dentro do seu tempo livre, em busca do lúdico.

Uma das vantagens que as atividades de lazer permitem são as escolhas e, por consequências, incitar o aprender a escolher. Elas estimulam a iniciativa e favorecem assim o desenvolvimento da autonomia, como aponta Dumazedier (1994).

Em Alves (2002), ocorre uma discussão sobre prazer onde se apresenta o conceito de fluxo. Este é um estado onde a pessoa está tão entretida e envolvida naquilo que está fazendo que esquece hora, local, cansaço para se dedicar e até certo ponto se entregar à atividade. Faz-se necessário então encontrar atividades que conduzam os alunos a este estado de fluxo, não só nos acampamentos, mas nas escolas também.

Estas são algumas definições de lazer que nos faz meditar no dia a dia do acampamento, mostrando-nos que não se deve dirigir todas as atividades como obrigação de cumprimento. É preciso que se ofereça diferentes opções e possibilidades de atividades aos alunos a fim de que estes, de acordo com seus grupos, afinidades e gostos possam optar pelas que melhor se encaixam aos seus interesses. Endossamos ainda a ideia de que as atividades devem antes de tudo preservar o caráter educacional.

Perante isso, ressalta-se a grande responsabilidade enveredada aos profissionais envolvidos na elaboração, no planejamento e na execução das atividades, pois além de respeitar os conceitos de recreação e de lazer devem trabalhar de maneira educativa, carecendo de fundamentação nas três funções do lazer (3 D´s), propostas por Dumazedier (1980): Diversão, Descanso e Desenvolvimento.

A fim de não perder o caráter hedonístico, buscamos sempre associar todas as atividades recreativas desenvolvidas no Acampamento Educativo com as quatro categorias do lúdico apresentadas por Caillois, (1990): Aventura, Vertigem, Competição e Fantasia. Evidenciamos assim, quais são as possíveis motivações estimuladas nos acampantes por meio das atividades propostas e apresentadas.

Refletindo sobre as atividades recreativas e quais seriam as áreas de interesses dos participantes de um acampamento, Dumazedier (1980) ressalta que as atividades recreativas podem ser classificadas em cinco categorias dentro dos conteúdos culturais do lazer. São elas: físicos, manuais, artísticos, intelectuais e sociais.

Logo, acreditamos que a programação de um Acampamento Educativo deve procurar contemplar os cinco conteúdos propostos por Dumazedier, em consonância com as três funções do lazer. Dessa forma confiamos ser possível criar opções de livre escolha para os diferentes alunos a fim de que possamos proporcionar experiências, situações e vivências cujo objetivo não seja somente o entretenimento, mas, sobretudo, a intervenção em suas dimensões cognitivas, perceptivas, afetivas, culturais, sociais e motoras, buscando também um equilíbrio na programação com o desenvolvimento de diferentes tipos de atividades conhecendo, entre outras, as razões e critérios na escolha destas.

Consequentemente, baseados nesta exposição e nos conteúdos culturais do lazer, sugerimos como sendo os principais tipos de atividades para um acampamento:

- *Atividades físicas:* esportes tradicionais, esportes radicais, gincanas de salão, aquática, jogos pré-desportivos e de iniciação, passeios, trilhas, caminhadas, entre outras.
- *Atividades manuais:* oficinas de artes, confecção de pipas, salão de jogos, entre outras.
- *Atividades intelectuais:* gincanas culturais, musicais, de solicitações, pequenos jogos de estratégia, desafios, enigmas, entre outras.
- *Atividades artísticas:* teatro, dança, *show* de talentos, contar histórias, entre outras.
- *Atividades sociais:* brincadeiras, passatempos, rodas cantadas, fogueira, jogos cooperativos, jantares e festas temáticas, entre outras.

Sugestão de horários

Para elaborarmos uma programação coerente, devemos colocar em prática todos os conceitos apresentados e ao mesmo tempo oferecermos os momentos livres sem esquecer da segurança. Do contrário, seria muito difícil controlar uma temporada com cento e cinquenta crianças entre 5 e 15 anos, durante uma semana. Não que seja inexistente um horário de livre escolha, mas, quando realizá-lo, a equipe deverá se atentar a vários detalhes. Na opinião de Lettieri (1999, p. 89):

> "Durante o tempo livre dos acampantes, os monitores devem ter a sua atenção voltada para duas coisas muito importantes: 1) estar atento para que a garotada não faça coisas erradas; 2) ter cuidado para que as crianças mais tímidas e com maior dificuldade para comunicação não fiquem totalmente isoladas".

Os horários são flexíveis, podendo ser alterados, desde que a comunicação entre os setores seja feita em tempo hábil, para não prejudicar a qualidade das atividades ou das refeições:

- 08:00 h - Alvorada
- 08:30 h - Café da manhã
- 09:00 h – Arrumação / limpeza / roupas adequadas
- 09:30 h - Início das atividades da manhã 1
- 11:00 h – Início das atividades da manhã 2
- 12:30 h – Almoço
- 13:30 h – Descanso / cantina
- 14:30 h - Início das atividades da tarde A
- 16:30 h - Lanche
- 17:00 h – Início das atividades da tarde B
- 18:00 h - Banho
- 19:30 h - Jantar
- 21:00 h - Atividades noturnas
- 23:30 h - Recolher

Quadro de programação

Para uma melhor organização e visualização do período do acampamento, pode-se usar um quadro de programação dividido pelos períodos e a quantidade de dias, como mostra o quadro 1. Muitos são os pontos positivos de ter um quadro de programação, como, por exemplo: não repetir as atividades já desenvolvidas, equilibrar a programação em relação aos tipos de atividades, adequar as atividades lúdicas de acordo com as diferentes faixas etárias, além de arquivar o que aconteceu, para auxiliar na montagem de futuros eventos.

Quadro 1

	Dia 1	Dia 2	Dia 3	Dia 4	Dia 5	Dia 6
MANHÃ 1						
MANHÃ 2						
TARDE A						
TARDE B						
NOITE						

O quadro pode ser preenchido, dia após dia, como mostra o quadro 2, mas se você preferir poderá montar um quadro completo antes mesmo da temporada, o que chamamos de pré-programação (quadro 3).

Quadro 2

	Dia 1	Dia 2	Dia 3	Dia 4	Dia 5	Dia 6
MANHÃ 1	Viagem					
MANHÃ 2	Chegada Malas					
TARDE A	Arrumação Reconhecimento					
TARDE B	Atividades Integração Esportes					
NOITE	Jogo Noturno por quarto					

Quadro 3

	Dia 1	Dia 2	Dia 3	Dia 4	Dia 5	Dia 6
MANHÃ 1	Viagem	Esportes	Passeio e Trilha	Cavalo	Caça ao Tesouro	Gincana da Natureza
MANHÃ 2	Chegada Malas	Atividades e jogos no campo	Livre Escolha	Gincana Aquática	Esportes Livres	Horário Livre
TARDE A	Arrumação Reconhecimento	Oficinas Culturais	Gincana de estações	Oficinas Culturais	Momentos Culturais	Arrumação das malas
TARDE B	Atividades Integração Esportes	Gincana de Solicitações	Momentos Culturais	Livre Escolha	Rapel Tirolesa	Saída do acampamento
NOITE	Jogo Noturno por quarto	Grande Jogo com produção	Festa temática com Discoteca	Jogo Noturno e Fogueira	Apresentações Finais (teatro, dança)	

Gráfico do acampamento

Considerando três pontos fundamentais para a sua temporada: a integração dos participantes, a complexidade das atividades e o ritmo da temporada, é pressuposto que, partindo do zero, a evolução da temporada nestes três aspectos deve ser gradativa, e quando o conjunto da temporada atingir o pico, ela deve acabar, propiciando ao acampante a sensação de que a estada no acampamento não foi uma rotina e que a experiência de acampar enriqueceu cultural, social e individualmente seu tempo livre, desenvolvendo competências e habilidades que serão utilizadas ao longo da sua vida.

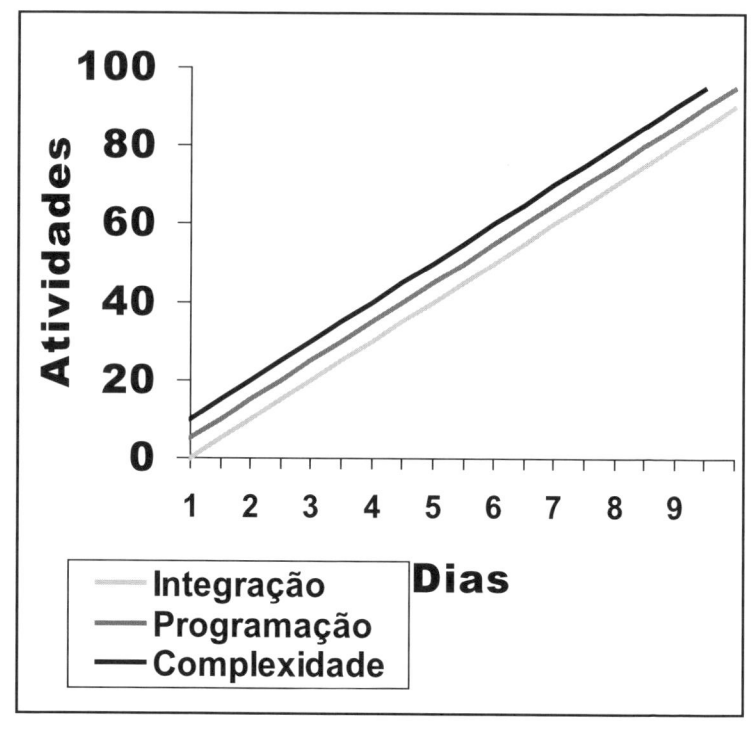

Importante salientar, então, que profissionais que pretendem atuar nesta área ou que já estão atuando devem fazer o possível para se manterem atualizados no que tange às teorias de Lazer e Educação, além de terem sempre em vista que estamos lidando com o ser humano, que está em constantes mudanças, que necessitam ser levadas em consideração (Alves e Chamlian, 2004).

O "ritual" da fogueira realizado muitas vezes na última noite do acampamento, atrelado a uma dinâmica de integração.

Acampamento temático com produção de jogos, história, enredo e muita fantasia.

O acampamento propicia a liberdade e a possibilidade de extravasar energia.

Animação e contato com a natureza como ferramentas para a conscientização da preservação do meio ambiente.

Referências bibliográficas

ALVES, U.S. *Inteligências: percepções, identificações e teorias*. São Paulo, Vetor Editora, 2002.

_____. & CHAMLIAN, L. A. Acampamentos: uma discussão educacional. Anais do *XVI Encontro Nacional de Recreação e Lazer*: Lazer como cultura: o desafio da inclusão. Serviço Social da Indústria – SESC - Universidade Federal da Bahia. Salvador, Sistema FIEB/SESI 2004.

BALL, A. *Basic Camp Management*. 5th Edition. United States, American Camping Association, 2000.

CAILLOIS, R. *Os jogos e os homens*. Lisboa, Cotovia, 1990.

CAMARGO, L. O. de L. *Educação para o lazer*. São Paulo, Moderna, 1998.

CAVALLARI, V.; ZACHARIAS, V. *Trabalhando com recreação*. 6ª edição. São Paulo, Ícone, 2003.

DUMAZEDIER, J. *Valores e conteúdos culturais do lazer*. São Paulo, Sesc, 1980.

_____. *A revolução cultural do tempo livre*. Tradução e revisão técnica de Luiz Octávio de Lima Camargo, Marília Ansarah. São Paulo, SESC, 1994.

_____. *Lazer e Cultura Popular*. São Paulo, Perspectiva, 1973.

EELLS, E. *História do Acampamento Organizado: os primeiros 100 anos*. Trad. de Eni Dell Mullins Fonseca. Campinas, Associação Evangélica de Acampamentos, 1998.

LETTIERI, F. *Acampando com a Garotada*. São Paulo, Ícone, 1999.

MARCELLINO, N. C. *Lazer e Educação*. 11ª edição, Campinas, Papirus, 2004.

PEREIRA, O. *Acampamento e Retiro*. São Paulo, Candeia, 1998.

RAMOS, A. S. *Campismo Educativo*. Lisboa, O. N. Mocidade Portuguesa, 1945.

SILVA, R. L. Atividades Recreativas em Acampamentos de Férias. In: SCHWARTZ, G. M. (Coord.) *Educação Física no Ensino Superior: Atividades Recreativas.* Rio de Janeiro, Guanabara Koogan, 2004.

STOPPA, E. A. Acampamento. In: GOMES, C. L. (Org.). *Dicionário Crítico do Lazer.* Belo Horizonte, Autêntica, 2004.

Sites:

AMERICAN CAMP ASSOCIATION (ACA). http://acacamps.org, acessado em 01/01/2005.

ASSOCIAÇÃO CRISTÃ DE MOÇOS. http://www.acmsaopaulo.org, acessado em 20/07/2003.

FUNDAÇÃO ACAMPAMENTO PAIOL GRANDE. http://paiolgrande.com.br, acessado em 08/04/2005.

CAPÍTULO 10

Recreação Hoteleira

Vinícius Ricardo Cavallari

Puxando conversa

Há exatos vinte anos, tive a oportunidade de começar um trabalho diferente de tudo que já havia feito antes e também diferente de tudo que eu conhecia até então como trabalho profissional: eu havia sido convidado para desenvolver jogos, brincadeiras e entretenimento com os hóspedes de um hotel de lazer no interior do Estado de São Paulo. Foi assim que dei meus primeiros passos na área da recreação profissional. E é procedente ressaltar que a recreação hoteleira, nessa época, também começava a dar seus primeiros passos de forma profissional. A recreação hoteleira passou a ser minha principal preocupação, centro das minhas atenções, alimento para minha criatividade e, acima de tudo, minha principal fonte de renda. Foi assim que nos apaixonamos!

Com o passar dos anos, outras várias oportunidades me surgiram na área da recreação, as quais explorei como pude. Mas a primeira paixão sempre tem lugar de destaque em nossos corações. Assim, nunca me separei da recreação hoteleira, atuando na elaboração de programas, animação de atividades, coordenação de equipes e desenvolvimento de projetos em vários tipos de hotéis e estabelecimentos similares, sempre preocupado com a necessidade de se ter um profissionalismo cada vez mais proeminente.

Decorrente dessa preocupação, veio também a busca por uma bibliografia que tratasse do assunto, seguida pela decepção de não encontrar nada em que pudesse me apoiar. E é assim que busco dar minha contribuição, expondo aqui um pouco do que aprendemos ao longo do desenvolvimento desse trabalho, ainda que de forma empírica, com o objetivo de facilitar a dinâmica dos recreacionistas que se voltam para essa área de atuação. Este trabalho baseia-se na vivência prática que eu e vários outros profissionais com quem tenho tido contato tivemos em recreação hoteleira.

Entendendo um pouco a história

Não é possível falar-se em hotelaria sem tocar nos assuntos do Turismo. Doravante, aqui e ali, estaremos tratando de itens que são bastante explorados pelos turismólogos.

Estudos desenvolvidos nos levam a crer que as primeiras manifestações da animação turística podem ter ocorrido no início do século XX, quando a travessia do Atlântico era feita em navios de luxo, a bordo dos quais o passageiro tinha um enorme tempo disponível, e acabava por se entediar, pois não encontrava opções de entretenimento. A partir de então, animadores começam a organizar alguns tipos de atividades para a melhoria da qualidade da viagem.

Esse tipo de trabalho começa a surtir efeito positivo e, com algum toque de criatividade, começa a ser explorado em outras circunstâncias de turismo, em que o indivíduo já está vinculado ao estabelecimento e por ali permanece, ou com o intuito de fazer com que ele permaneça. É assim que surgem os primeiros traços da recreação hoteleira, se bem que de maneira branda e sutil, apenas visando a entreter aqueles hóspedes que pudessem vir a sentir falta dela.

Com o aparecimento no Brasil dos acampamentos e acantonamentos infanto-juvenis, com programações recreativas intensas, de forma a divertir seus participantes durante todo o tempo possível, os hotéis de lazer começam a perder esse público, que prefere atividades mais dinâmicas. Na intenção de recuperar esses clientes, os estabelecimentos hoteleiros começam a explorar programações recreativas mais atraentes, oferecendo atividades semelhantes às dos acampamentos e acantonamentos, usando como argumento diferencial o fato de as crianças e adolescentes não precisarem estar longe dos pais para desfrutá-las.

Aos poucos, a recreação hoteleira se intensifica, atingindo também os jovens, adultos e idosos. Porém, agora os hoteleiros têm mais alguns objetivos: o hóspede, satisfeito e feliz com as atividades lúdicas, permanece mais tempo dentro do hotel durante sua estada, aumenta a duração de sua estada, volta outras vezes ao hotel e, o melhor de tudo, recomenda o hotel a outras pessoas. Resultado: aumento da ocupação e da permanência e consequente aumento da receita.

Numa perspectiva mais atual, podemos detectar que houve época em que os hotéis que ofereciam um serviço profissional de entretenimento tinham isso como um diferencial. Nos dias de hoje, a situação se inverteu, ou seja, os hotéis de lazer que não tiverem esse serviço passam a perder terreno perante seus concorrentes.

Três momentos importantes

Quando temos uma viagem marcada, antes mesmo de ela acontecer, é muito comum chegarem às nossas mãos, como que por encanto, fotos, reportagens, artigos e outras tantas coisas relacionadas ao nosso destino. Assim acontece quando estamos prestes a partir para aquela temporada naquele hotel que escolhemos para nossas férias. Parece que tudo está relacionado a ele ou à região onde ele se situa.

Mas será mesmo verdade? Ou será que o turista é que tem sua mente voltada à viagem e passa a prestar mais atenção a qualquer item ligado a ela?

Sim, esse é um dos momentos importantes: o **antes**! Antes de chegar ao hotel, o hóspede já está suscetível às informações ligadas a ele. O passeio não começa no momento em que o indivíduo parte para a estrada, mas sim bem antes. E esse momento é perfeitamente trabalhável por parte dos recreacionistas que podem, a partir da reserva, despertar o interesse dos hóspedes e criar uma expectativa positiva em relação ao que vai acontecer durante a temporada.

Outro momento importante, sem dúvida, é o **durante**! Durante sua estada no hotel, o hóspede espera que tudo aquilo que ele sempre sonhou venha a acontecer em alguns poucos dias de permanência. É missão do recreacionista oferecer ao hóspede as condições necessárias para que ele possa se aproximar dessa utopia e viver momentos mágicos e inesquecíveis. E é de suma importância lembrar que antes foi criada uma expectativa. E o cliente, de forma alguma, pode se decepcionar. Os profissionais deverão cumprir com tudo aquilo que foi prometido.

Temos, então, o terceiro momento importante: o **depois**! Depois da temporada, que dura alguns dias, ficam as memórias, que duram para sempre. Os recreacionistas poderão interferir também nesse momento, organizando reencontros, vistas de fotos, contatos, envolvendo o cliente e vinculando-o afetivamente. Se bem trabalhado, esse "depois" se transforma em outro "antes": o da próxima temporada.

Quem é quem

A recreação hoteleira, assim como quase todos os segmentos da recreação, necessita basicamente de três profissionais. Cada um deles exerce seu papel e depende fundamentalmente da boa atuação de todos os outros.

O primeiro deles chamaremos aqui de animador. Um indivíduo extrovertido, alegre, acessível, brincalhão e comunicativo, que tem como função principal a de ligar os hóspedes às atividades programadas. Ele prepara toda a atividade, convida e motiva os hóspedes a participarem, conduz a atividade, cria um clima agradável e propicia a integração dos hóspedes.

Outro não menos importante é o que aqui chamaremos de coordenador. Um indivíduo acessível, simpático, moderador e líder, que tem como função principal manter a unidade da equipe, orientando, supervisionando e coordenando o trabalho. Ele define a programação das atividades e designa as funções dos animadores.

O terceiro é o que aqui chamaremos de gerente. Note-se bem, gerente específico do setor de entretenimento. Um indivíduo que conhece o comportamento humano e tem sensibilidade para perceber o que os hóspedes querem em cada temporada. Ele tem que ter capacidade de desenvolver projetos na área de recreação hoteleira, administrando-os burocrática e financeiramente, além de ser o responsável pelo contato, seleção, contratação e capacitação dos recursos humanos de seu setor.

É uma realidade atual, infelizmente, o desprezo por parte dos empreendedores pelo gerente, uma vez que este é o profissional de remuneração mais alta entre os três. Por uma questão de falsa economia, este profissional deixa de ser contratado, não percebendo o hoteleiro que é ele quem vai trazer a maior possibilidade de rendimento, pois é quem pode adequar o projeto ao público, satisfazendo os anseios dos hóspedes e, como já foi dito, aumentando a ocupação e a permanência, e consequentemente aumentando a receita.

Quero ainda frisar que o recreacionista em hotéis, seja qual for seu "cargo", acaba tendo que assumir, principalmente, uma função de Relações Públicas, uma vez que é com ele que o hóspede tem um relacionamento mais estreito. O recreacionista passa a ser uma espécie de "cartão de visitas" do hotel e frequentemente escuta dos hóspedes elogios e reclamações que não costumam ser encaminhadas a outros funcionários ou à gerência geral do hotel. Isso permite que a equipe de recreação colabore com a melhoria da qualidade dos serviços, reportando aos setores competentes as solicitações e comentários pertinentes.

E o hóspede... quer o quê?

Chegamos a um item delicadíssimo: a interpretação das ansiedades e desejos da demanda, ou seja, do hóspede. Afinal de contas, ele é o protagonista do assunto e principal alvo de nossas preocupações. Porém, são tantos tipos diferentes de pessoas, uma grande variedade de interesses, comportamentos distintos... como atender aos anseios de todos?

Apesar dessas diferenças, alguns estudos mostram que os turistas, de forma geral, têm algumas necessidades comuns. A iniciar pelo combate ao estresse, quebra da rotina, contato com a natureza, até o descompromisso e, seguramente, o interesse pela sociabilização e interação com outros indivíduos. Esses são pontos que devem ser plenamente contemplados, e aos quais os recreacionistas deverão estar extremamente atentos.

Mas a preocupação maior é mais especificamente com o tipo de atividade que vai interessar àquele público. Como determinar um processo de planejamento sem conhecer o perfil da demanda? Como ter certeza de que aquele público vai se interessar por aquela programação recreativa?

Muitas tentativas foram feitas no sentido de se tentar determinar os interesses dos hóspedes de uma temporada, porém sem êxito. Um questionário logo na chegada? Os hóspedes só querem saber de ir para o seu apartamento e descansar do percurso. Dar-lhes o questionário e pedir que devolvam posteriormente? Nunca mais são entregues. Tentar conversar com os hóspedes e extrair deles o que gostariam? Gera ansiedade e, se nos pedirem coisas infactíveis, depois se decepcionarão por não os termos atendido.

Uma alternativa, se bem que também com sua dose de dificuldades, tem sido a diversificação da programação. A equipe de recreação oferece uma grande variedade de atividades, permitindo ao hóspede que escolha, entre várias, aquela que mais lhe agrada. Pode não ser a solução definitiva mas, seguramente, um dos melhores caminhos. Pouco a pouco, vão-se detectando as preferências e vai-se traçando o perfil da demanda daquele período, facilitando o trabalho dos recreacionistas com o andamento da temporada.

Nem todo estabelecimento é igual ao outro

Cada hotel tem seu perfil e sua característica própria. Mas iremos agrupá-los e estabelecer alguns pontos que podem ser comuns.

De acordo com o perfil do hotel, teremos um perfil de hóspede que o frequenta e um tipo de motivação para a escolha por esse hotel ou por outro. Consequentemente, varia a dinâmica do desenvolvimento das atividades recreativas, e é isso que deve ser de conhecimento da equipe de recreação.

Existem hotéis que independem do polo turístico onde se encontram. Aliás, muitas vezes a cidade onde se localizam nem é de grande atrativo turístico ou de lazer. Além disso, esses hotéis podem também se encontrar afastados dos centros urbanos, ligados a eles por estradas de difícil acesso. Normalmente esses estabelecimentos têm um estilo campestre, com construções horizontais, grandes áreas disponíveis e permitem um contato com a natureza. Em resumo, o próprio hotel é o atrativo e o hóspede não sai de dentro das dependências do hotel durante praticamente toda a temporada. Sabendo disso, o hoteleiro se dispõe a incrementar os equipamentos de lazer, com o intuito de oferecer ao hóspede os subsídios necessários para permanecer hospedado sem depender de mais nada que não esteja ali mesmo. Observamos nesses hotéis uma incidência maior de famílias com filhos que são crianças ou adolescentes, sem muita presença de jovens. A motivação para a escolha de um hotel desse tipo se dá em função dos próprios equipamentos de lazer oferecidos e a dinâmica do desenvolvimento das atividades recreativas é altíssima, com várias atividades ao mesmo tempo e em período integral.

Outro tipo de hotel é aquele que se encontra em cidades litorâneas, dependendo do polo turístico como atrativo. O hotel se encontra próximo à orla marítima e sua principal característica é contar com a praia como um equipamento de lazer. Podem ser hotéis verticais ou horizontais, porém não costumam ter grandes espaços livres dentro de suas dependências. Isso faz com que o hóspede não permaneça todo o tempo dentro do hotel, dividindo-o com a praia e com a própria cidade que oferece opções de lazer e turismo. Os equipamentos de lazer são complementares àqueles que a região já oferece. Observamos nesses hotéis uma incidência grande de um público de espírito jovem, pois a motivação se dá pelos atrativos que a própria praia oferece, como o contraponto sol e água, o ver e ser visto, os esportes náuticos e os esportes na areia. A dinâmica do desenvolvimento das atividades recreativas não é tão intensa dentro do hotel, resumindo-se aos momentos em que os hóspedes lá se encontrem. Mas os recreacionistas podem desenvolver atividades na praia, contemplando assim um maior número de clientes.

A exemplo do hotel de praia, uma situação semelhante acontece em hotéis que se encontram próximos a outros atrativos naturais, como cachoeiras, trilhas, hotéis de selva e outros. O hotel não é o atrativo principal, mas sim uma oferta complementar ao atrativo natural ali existente. Mais uma vez o hóspede não permanece dentro do hotel para desfrutar seus momentos de lazer, mas vai em busca de explorar o que a região oferece, como esportes radicais, passeios, contemplação, etc.. Também encontraremos aqui uma incidência de público de espírito jovem e a dinâmica do desenvolvimento das atividades recreativas se dá como no exemplo anterior. Os recreacionistas dedicam-se também a levar os hóspedes para passeios e acompanhar as atividades externas.

Precisamos ainda considerar os hotéis que se encontram em estâncias minerais, hidrotermais, climáticas, etc. Normalmente são hotéis mais urbanos, verticais e sem grandes espaços internos para atividades recreativas. Por estarem dentro do polo turístico e de lazer, o hóspede praticamente não fica dentro do hotel, saindo para desfrutar daquilo que a cidade oferece. Além disso, observamos nesses estabelecimentos um público de característica mais tranquila, com muita incidência de idosos, uma vez que a principal motivação para a escolha de um hotel como esse é o descanso e o sossego, em busca de fuga da agitação e do barulho. Dessa forma, a dinâmica do desenvolvimento das atividades recreativas é baixa, pois as pessoas não se dispõem a tanta agitação.

Finalmente, existem ainda os hotéis construídos nas proximidades de atrativos técnicos como parques temáticos, por exemplo. O trabalho principal da equipe de recreação, nesse caso, será o de acompanhar os hóspedes em suas visitas recreativas a esses equipamentos.

Existem hotéis com características mistas das situações anteriores, onde a equipe de recreação muitas vezes tem que dividir suas atenções entre os diferentes tipos de hóspedes, adequando a programação de atividades recreativas às necessidades variadas.

Participar: prazer ou obrigação?

De acordo com as teorias do lazer, as opções de entretenimento são questões absolutamente pessoais, variando determinantemente de um indivíduo para outro. De forma aplicada, devemos observar que nem sempre o hóspede se encontra disposto a participar das atividades programadas pela equipe de recreacionistas. Não porque essas atividades não sejam boas, mas a verdade é que aquele hóspede, naquele momento, não pretende se entreter com atividades dirigidas, mas talvez permanecer em seu apartamento, ou mesmo em qualquer outra dependência comum dentro do espaço do hotel, dedicando-se a alguma outra forma de passar o seu tempo de maneira agradável. O "nada fazer" é uma ótima opção de lazer para aqueles que levam uma vida corrida, assim como uma simples conversa com um velho amigo ou um novo conhecido, ou até a gratificante contemplação de um pôr do sol em meio à natureza.

Assim, cabe ao recreacionista divulgar as atividades recreativas, motivar os hóspedes convidando-os à participação, gerar interesse pelas atividades, porém nunca forçando essa participação, deixando o cliente escolher livremente e praticar espontaneamente. A decisão pela adesão ou não ao programa é do próprio indivíduo.

Porém, um pequeno problema tem sido frequente nos dias de hoje: o hoteleiro, por mais competente que seja em suas funções, normalmente é leigo no que diz respeito às questões do lazer. E, sob sua ótica, os hóspedes que não estivessem participando diretamente das atividades não estariam se divertindo, ou poderiam ter escapado às vistas da equipe de recreação. O hoteleiro chega a crer que todos os hóspedes têm que participar das atividades dirigidas.

De fato, existem hóspedes que se divertem envolvidos diretamente com as atividades recreativas, mas existem outros que se divertem assistindo à participação alheia, ou até não estão dispostos a se envolver naquele momento, mas participam em outras ocasiões. Cabe aos recreacionistas, de forma simples e direta, mostrar ao hoteleiro a versão correta da realidade.

De funcionário a empreendedor

Os estabelecimentos hoteleiros, ainda hoje, em sua maioria, utilizam sistemas informais de contratação e vínculo dos profissionais de recreação com o empreendimento. Muitas vezes não existem contratos, mas sim um acerto verbal entre as partes, onde o hoteleiro "acredita" que o recreacionista irá executar o trabalho e o profissional, por sua vez, "acredita" que o hoteleiro irá pagar-lhe pelos serviços. Essa situação de total amadorismo só poderá vir a ser resolvida com a união dos profissionais, por meio da organização de associações que podem respaldar os seus associados quanto às questões legais envolvidas e fortalecer a classe profissional, reivindicando seus direitos, valorizando o trabalho e apoiando ações nesse sentido.

A despeito dessa situação, iremos analisar os três principais métodos de vínculo dos profissionais de recreação com o estabelecimento hoteleiro que o contrata. Cada uma delas apresenta pontos positivos e pontos negativos para o hotel e para os recreacionistas, como veremos a seguir.

O primeiro método é o de contratação dos recreacionistas como funcionários fixos, com oito horas de trabalho diário, direito a folga semanal, férias anuais, salário mensal e benefícios. Os hotéis que costumam aderir a esse método são aqueles que têm uma boa ocupação durante todo o ano, não sofrendo muito com a sazonalidade. Para o hotel, os principais pontos positivos são que os recreacionistas incorporam a filosofia do empreendimento, além de não se ter que procurar fazer contatos de última hora com profissionais no caso do hotel aumentar significativamente sua ocupação de um dia para o outro e ainda poder garantir aos hóspedes que encontrarão aqueles animadores de quem tanto gostam. Os principais pontos negativos são os encargos sociais, direitos trabalhistas e custos, uma vez que mesmo o hotel tendo baixa ocupação, terá gastos com a equipe de recreacionistas. Para os profissionais, os principais pontos positivos são a estabilidade, pois têm salário garantido e os benefícios de um emprego formal. O principal ponto negativo é a baixa renda, pois independentemente de quanto trabalhem, seu salário não varia, e é sensivelmente menor que o ganho de um diarista que trabalhe todos os dias em um mês.

O segundo método é o de contratação de recreacionistas autônomos ou *freelancers*, chamados para trabalho temporário, com remuneração diária, ou pacotes de alguns dias. Os hotéis que costumam aderir a esse método, ao contrário dos anteriores, são justamente aqueles que têm uma grande variação sazonal, com temporadas de hotel lotado e outras de hotel vazio. Para o hotel, os principais pontos positivos são a inexistência de vínculo empregatício e a possibilidade de não ter custos nos períodos de baixa temporada ou de hotel vazio, pois não haverá equipe de recreação nessas condições. Os principais pontos negativos são a necessidade de se ter um cadastro com grande número de profissionais capacitados, uma vez que nem todos os recreacionistas estarão disponíveis quando procurados pelo estabelecimento, bem como o fato de que a equipe nem sempre terá a filosofia específica daquele hotel tão incorporada, pois seus componentes trabalham também em outros empreendimentos, além de algumas vezes ter que procurar recreacionistas às pressas, no caso do hotel aumentar significativamente sua ocupação de um dia para outro, como frequentemente acontece. Para os profissionais, os principais pontos positivos são a liberdade de escolha pelo estabelecimento que lhe oferecer melhores condições de trabalho naquela temporada, pois presta serviços a vários empreendimentos, e a possibilidade de um ganho mais alto caso tenha trabalho o mês todo. O principal ponto negativo é a instabilidade, pois os recreacionistas não têm certeza de trabalhar todos os dias que estão disponíveis, e não esquecendo que, nessas condições, só ganham os dias efetivamente trabalhados.

O terceiro método é a contratação de uma empresa prestadora de serviços de lazer e entretenimento, a qual terá toda a responsabilidade pelos recreacionistas, pelo seu trabalho e pela programação e execução das atividades recreativas. Esse método é o mais utilizado por hotéis que não pretendem se preocupar com esse serviço, deixando tudo a cargo da empresa contratada. Para o hotel, o principal ponto positivo é, como já dito, a total despreocupação nesse sentido, uma vez que basta acionar a empresa para obter os serviços necessários. O principal ponto negativo é o custo, pois além de pagar os honorários dos recreacionistas, o estabelecimento estará pagando também o agenciamento por parte da empresa. Neste caso, a própria empresa exerce a função de gerenciamento do setor de lazer, tão importante e tão renegado pelos hoteleiros de forma geral. É interessante ressaltar que neste caso o vínculo dos recreacionistas é com a empresa e não com o hotel.

Em algumas circunstâncias, há hotéis que utilizam um sistema misto dos anteriores, mantendo, por exemplo, uma equipe pequena de recreacionistas fixos e contratando os *freelancers* de acordo com a necessidade, para completar a equipe em caso de o hotel estar mais cheio.

Sistematizando o trabalho

Depois de montada a equipe para determinada temporada, é hora agora de se estabelecer as responsabilidades de cada profissional. Gostaríamos de fazer aqui alguns alertas e mostrar a necessidade de um trabalho sistemático e organizado, de forma a atender a todas as necessidades do empreendimento e, principalmente, dos hóspedes.

Não é tão simples estabelecer-se o número de recreacionistas necessário para atender à demanda. Esse número varia muito de acordo com o tipo de hotel a que nos estamos referindo, nível de exigência por parte dos hóspedes, temporadas especiais ou tradicionais, faixa etária dos hóspedes, grupos de hóspedes que já têm certo grau de relacionamento entre eles, etc. Mas, como ponto de partida, podemos utilizar uma proporção de um recreacionista para cada quarenta hóspedes. Não é um número definitivo, mas apenas uma base, e a partir dele aumentamos ou diminuímos o número de profissionais, conforme o perfil do público do período. Na verdade, aqui teremos que utilizar o método de tentativa e erro. De qualquer maneira, descartamos a possibilidade de se ter apenas um recreacionista trabalhando, sozinho, em um hotel. O trabalho em grupo garante a qualidade do atendimento final.

Para melhor aproveitamento do potencial da equipe, também se faz necessário subdividir o trabalho, estabelecendo setores de atuação. Cada profissional terá suas responsabilidades, podendo se dedicar a uma tarefa por vez e não havendo sobrecarga de trabalho para ninguém. Porém não pode ser esquecido o espírito de equipe. Ninguém deverá se esforçar para se sobressair, mas sim apoiar e colaborar com o trabalho dos outros colegas, buscando um desempenho impecável da equipe como um todo. Esse sucesso depende também do bom desempenho por parte do coordenador, que é o elo de ligação entre os componentes da equipe de trabalho e desta com os empreendedores. Ele irá dar todo o apoio para o melhor desempenho de sua equipe, liderando-os e atendendo às suas necessidades.

Divulgar para motivar

A comunicação interna é importantíssima na hora de se motivar o hóspede à participação nas atividades recreativas. São elaborados quadros de programação, cartazes e desenhos convidativos, jornaizinhos de divulgação, etc., com o intuito de manter o hóspede informado sobre o que irá acontecer para seu entretenimento. A partir de então, ele poderá escolher o que mais lhe agrada e se programar em função das atividades a serem desenvolvidas. Quanto melhor a comunicação, verbal ou não verbal, mais interessado ficará o hóspede.

Além disso, para motivar nosso hóspede, atentamos para alguns outros pontos importantes. Antes de mais nada, precisam ser respeitados os limites. O recreacionista tem que ter a sensibilidade de perceber qual o grau de aproximação que cada indivíduo permite, chegando o mais próximo possível do limite, a fim de motivar, mas nunca correndo o risco de ultrapassá-lo, para não se tornar invasivo e prejudicial.

Como já dissemos antes, oferecer atividades variadas também beneficia a motivação, pois cada indivíduo tem um interesse diferente e, dessa forma, estaremos dando oportunidade a todos os gostos.

O animador é um forte motivador da participação dos hóspedes. Convidar de forma adequada, despertando o interesse por parte dos clientes é ter uma certeza maior da participação. Assim, o profissional deverá ter uma certa dose de "cara de pau", conversando com todos e divulgando as atividades, insistindo de forma agradável para que não deixem de participar. Porém, cuidado! É muito pequena a distância entre ser motivador e passar a ser um "chato", quando o hóspede não quer realmente participar e o recreacionista insiste de forma excessiva, incomodando e se tornando inconveniente.

Alguns hóspedes não sabem exatamente para quê estão sendo convidados a participar. Nem sempre o nome ou uma breve explicação da atividade recreativa é suficiente para que eles entendam do que se trata. Portanto, a motivação pode ser maior se esses hóspedes forem convidados a ver o que está acontecendo antes de entrar e participar efetivamente. E ainda, pode ser que prefiram realmente permanecer apenas assistindo, o que lhes oferecerá ótima oportunidade de diversão.

Não podemos esquecer de oportunizar atividades para todos, inclusive os menos habilidosos. A recreação hoteleira precisa ser inclusiva, evitando deixar de fora qualquer indivíduo. Todos devem ter possibilidade igual de participação.

Outro fator de motivação é lembrar que a participação é muito mais importante que o resultado. Não estamos, de forma alguma, em busca de performance ou desempenho. Poder estar envolvido na atividade de forma descontraída e gostosa é muito mais importante do que vencer ou fazer tudo corretamente.

O traje do animador, podendo ser chamativo, ou uma fantasia, ou uma caracterização ou ainda relacionado à atividade que está sendo proposta, também irá motivar o hóspede, assim como seu comportamento ou sua atitude alusiva à atividade.

Ainda queremos relevar um outro grande fator de motivação, que é a surpresa ou o inesperado. Pode ser criada uma expectativa em relação à atividade, a qual só será revelada no momento da sua execução. Os hóspedes poderão se motivar pela curiosidade.

Em suma, nem todo hóspede está pronto a participar desde o início, mas, se bem trabalhado, poderá levar recordações maravilhosas de um momento único!

Sempre a mesma coisa!

Não há nada mais aborrecido do que voltar a um hotel e encontrar aquelas atividades que já haviam acontecido em temporadas anteriores, com as mesmas características, mesmo horário, mesmo local, sempre a mesma coisa!

O sucesso das atividades depende muito de sua originalidade e atualização. É aí que entra a necessidade de criatividade da equipe de recreação, que irá colocar em prática atividades novas e interessantes, podendo inclusive estar ligadas a assuntos do momento. É recomendável que os profissionais leiam, assistam filmes e programas televisivos, ouçam notícias, pesquisem e se informem, com o intuito de incrementar a qualidade das atividades propostas, variando-as e não permitindo que se tornem repetitivas.

Mas, para isso, é necessário também que os recreacionistas participem de programas de reciclagem e atualização, capacitando-se para o exercício de suas funções. Cursos, treinamentos, congressos, encontros, intercâmbios, etc. ajudam a colocar os profissionais em aptidão para conseguirem desenvolver seu trabalho com melhor qualidade.

Cuidados especiais

Os materiais e equipamentos utilizados em recreação hoteleira nunca deverão ser de propriedade dos recreacionistas, mas sim do próprio hotel. O que pode vir a acontecer, se algum material for de um dos animadores, é que com o desgaste natural pelo uso, se deteriorará e o profissional não terá reposição deste.

Porém, mesmo que esses materiais não sejam de propriedade do animador, são de sua responsabilidade, pois é ele quem tem maior contato com esses materiais e poderá reportar as necessidades de manutenção, substituição, reposição, etc. Os animadores deverão se preocupar com a seleção dos materiais antes das atividades, zelar e fazer o melhor uso deles durante as atividades, além de recolhê-los e guardá-los da melhor maneira depois das atividades.

Fazer bom uso dos materiais, conservando-os, é uma forma de evitar gastos desnecessários, o que, logicamente, é visto com muito bons olhos por parte do hoteleiro, que irá ficar cada vez mais satisfeito com o trabalho da equipe de recreação.

Apresentar materiais em bom estado e com boa aparência é imprescindível para uma equipe profissional que almeja o melhor atendimento para seus hóspedes.

Alguns truques promocionais

Os hotéis de lazer são empreendimentos que reúnem um número considerável de pessoas, as quais constituem um grupo interessante para diversos tipos de instituições que pretendem divulgar suas marcas e produtos. Os recreacionistas são pessoas que constantemente estão em destaque e sob o olhar desses hóspedes. Além disso, a equipe de recreação está sempre ligada a uma imagem de alegria e descontração, sinônimo de bem-estar. Portanto, algumas promoções tomam lugar dentro desses hotéis, atingindo um público específico e bem qualificado, com grande possibilidade de retorno para os promotores.

É por isso que vemos, por exemplo, algumas empresas que oferecem brindes e prêmios para serem entregues aos hóspedes por sua participação ou vitória nas atividades recreativas. Esses materiais são de baixo custo para os promotores, pois são produtos de suas próprias empresas ou brindes promocionais já previstos nas planilhas de custos. Ao entregar esses brindes aos hóspedes, estes estarão levando consigo a marca e fixando a ideia dos produtos e nomes ligados à promoção, além de poderem ser organizados diversos tipos de ações que divulgam tal marca.

Outra ação bastante eficaz é a permuta com empresas que podem oferecer os uniformes da equipe de recreacionistas, em troca de colocarem seus nomes e marcas em pontos estratégicos para serem vistos pelos hóspedes, inclusive nas próprias roupas que os animadores vestem. Os hóspedes estão sempre olhando para os animadores e, consequentemente, para a marca do promotor.

Podemos ainda oferecer cortesias de hospedagem a pessoas de renome, para que estejam entre os hóspedes do hotel. Muitos hóspedes gostariam de poder passar uma temporada junto a seus ídolos ou pessoas famosas, para poder vê-los de perto. Não seria difícil encontrar atores, esportistas, músicos e outros famosos que aceitassem esse tipo de transação, pois também há benefícios em seu favor.

A partir destes exemplos, outras ideias podem ser desenvolvidas e a transação estará destinada ao sucesso, pois é vantajosa para os três envolvidos: é bom para os hóspedes, que ganham brindes e prêmios, além de verem de perto pessoas de seu interesse; é bom para os hotéis, que oferecem mais um diferencial para seus hóspedes, sem terem que pagar mais por isso; é bom para os promotores, que fazem um *marketing* de seus produtos e nomes a baixíssimo custo, para um público extremamente qualificado.

Afinal, foi legal?

Depois de tantas preocupações, não podemos deixar de avaliar nossa temporada, pois as avaliações nos indicam os pontos positivos e negativos ocorridos, possibilitando um *feedback* para melhora das temporadas futuras. Um bom profissional não se contenta em manter o nível dos trabalhos que desenvolve, mas sim luta por melhorar cada vez mais seu desempenho.

As avaliações podem e devem ser feitas por todas as pessoas envolvidas: animadores, coordenadores, gerentes, diretores, fornecedores, promotores e principalmente os hóspedes, pois quanto mais opiniões tivermos, mais nos aproximaremos da realidade. E é importante analisarmos diversos pontos de vista diferentes.

Deverão ser avaliadas as atividades, os materiais, a programação, os horários, a postura e o desempenho da equipe, além de verificar se os objetivos foram alcançados. Serão levados em consideração os detalhes em separado e o programa como um todo.

Durante o andamento da temporada, já iremos realizando avaliações parciais, para que não se percam detalhes, reunindo-as, posteriormente, em uma avaliação maior, geral e final.

O processo mais utilizado em recreação hoteleira, junto ao hóspede, é o de preenchimento de fichas de avaliação no momento do *checkout* e término da temporada, com questões fechadas, sem complicações para serem interpretadas.

E assim...

Dada a complexidade do assunto, sabemos ter deixado de tocar em alguns pontos, porém esperamos que os recreacionistas possam ter obtido, nesta obra, subsídios para incrementar a qualidade de seus trabalhos, a fim de que todos juntos possamos lutar por uma recreação hoteleira cada vez mais profissional.

Capítulo 11

Recreação com Criatividade

Jun Sawao

A área de atuação do profissional da recreação e consequentemente o mercado de trabalho tem se ampliado de forma dinâmica, necessitando de propostas inovadoras e atividades que surpreendam e que atinjam os objetivos deste mercado. Luiz Otávio de Lima Camargo, no livro *Educação para o Lazer*, comenta que a indústria do lazer é hoje a segunda maior do mundo, ficando somente atrás da indústria bélica, e comenta: *"O setor econômico do lazer não pára de inovar, trouxe à luz a importância de um profissional – até então raro no mercado –..."*, profissional este denominado por ele como animador cultural.

Que profissional é este de que estamos falando? Existem características fundamentais para um profissional, não só da recreação, mas como de qualquer outra área. Aqui abordaremos a CRIATIVIDADE. O assunto é amplo, complexo e com linhas de trabalhos e ferramentas diferentes, por isso, trataremos aqui seus principais tópicos em linhas gerais, tendo seu enfoque maior na contribuição para o profissional da recreação e deste para o trabalho a ser realizado.

O mercado de trabalho atual

O mercado de trabalho atual é apresentado por Camargo da seguinte forma: Recreação Pública, Recreação Comercial, Recreação Industrial, Recreação Escolar, Recreação Turístico-Hoteleira, Recreação Ecológica e Recreação Hospitalar. E aponta: *"O grande dinamismo do setor tem levado esses empreendimentos a assumirem novos conceitos e novos perfis"*.

Alguns exemplos desta amplitude e diversificação de mercado são:

- **Instituições de Ensino, Clubes, Grêmios de Empresas, Organizações Não Governamentais (ONGs) e Fundações** – solicitam propostas para empresas de recreação na organização de seus eventos: dias dos pais e mães, dia das crianças, festas juninas e outras efemérides. Muitas vezes porque o seu corpo docente não atende às expectativas de algo novo ou não há possibilidade do acúmulo de atribuições, podendo ainda contratar uma equipe de recreação para atuação sistêmica. O professor de Educação Física/recreacionista, uma vez fazendo parte do corpo docente, poderá propor atividades inovadoras para a instituição da qual faz parte. Ou ainda como profissional terceirizado.

- **Agências de Promoções, Organizadoras de Eventos, *Marketing* e Departamento de Recursos Humanos (RH)** – procuram parcerias com empresas e ou profissionais da recreação para atender: convenções, campanhas de incentivo, eventos promocionais, de lançamento, congressos e lazer, com atividades como:

  - *atividades de integração e cooperativas,* normalmente quando a contratante observa a necessidade de maior comunicação e melhor relacionamento entre os colaboradores de diferentes departamentos. E, em tempos atuais, quando acontecem as fusões entre empresas.

- *Atividades competitivas* com ênfase no planejamento e estratégia de grupo. Solicitadas em eventos de campanhas de incentivo com apresentação de metas e observações quanto à: liderança, comprometimento, cooperação, comunicação, envolvimento e trabalho de time por parte de seus colaboradores.

- *Atividades de curta duração* – pode acontecer apenas no início do evento ou a cada bloco de palestras, por exemplo, funcionando como um aquecimento para os trabalhos que se iniciam.

- *Atividade de encerramento* – pretende sensibilizar os participantes quanto aos temas abordados, suas contribuições no crescimento profissional, pessoal e consequentemente da empresa. Esta atividade caracteriza-se por ser de impacto, alegre, divertida e de confraternização entre os participantes.

- *Atividades recreativas tematizadas* – criação e desenvolvimento de atividades diretamente ligadas aos objetivos, conceitos, produtos e serviços.

- *Atividades com finalidade lúdica* – festas de confraternização de final de ano, horário livres de eventos, efemérides e comemorativos.

- **Programas de Televisão e Equipes Esportivas**

Basta ligar a TV e observar a quantidade de programas com *"games"*, uma tendência que tem agradado o público em geral, mas necessita de inovação com rapidez, agilidade, a fim de acompanhar a velocidade exigida por este meio de comunicação. E os momentos de descontração tão evidenciados na preparação de equipes esportivas profissionais e amadoras. Será que não são campos de um mercado ainda pouco ocupado pelos profissionais da recreação? Com certeza existem muitas outras fatias ainda inexploradas, em que o profissional da recreação e lazer pode e deve atuar.

Mais à frente, serão apresentados *cases* relacionados.

Como se preparar para atuar neste mercado? Camargo observa: *"É evidente que tal setor da mão de obra somente tende a crescer. No entanto, dois fatores associados emperram no momento o seu desenvolvimento: a falta de identidade e a falta de formação profissional"*. E coloca dentro do perfil profissional o inovador e criador de novos modelos de práticas. A seguir, abordaremos aspectos da criatividade:

O pensar criativo

Existem muitas abordagens para criatividade, e seria arriscado dizer a exata e a definitiva, pois todos nós temos formada uma opinião própria. O assunto é um tanto *escorregadio.*

Cito dois autores:

"Podemos afirmar que a espécie humana tem capacidade inata e exclusiva de raciocinar construtivamente. Essa capacidade produz o que tranquilamente pode ser chamado de criatividade" (José Predebon).

"...O pensamento criativo supõe uma atitude, uma perspectiva, que leva a procurar ideias, a manipular conhecimento e experiência (...) ao adotar uma perspectiva criativa, você se abre tanto para novas possibilidades como para mudanças" e "Portanto, se quiser ser mais criativo, olhe para o que os outros veem e "pense uma coisa diferente" (Roger Von Oech).

Para ilustrar o que estes autores escreveram, citaremos alguns exemplos deste olhar e atitudes diferentes e criativas.

- Esquecendo que um objeto tem somente uma utilidade, Gutemberg observou e associou dois princípios diferentes, a máquina de cunhar moedas e a máquina de prensar uvas na produção de vinhos e pensou: "o que aconteceria se colocasse diversos moldes do cunho de moedas na máquina de prensar uvas?". Esta combinação resultou na tipografia.

- Certo dia, durante o café da manhã, um funcionário da *Nike*, ao observar o *waffle* que seria deliciado, notou a sua maciez e pensou: "e se colocarmos algo parecido no solado dos tênis?". Este olhar diferente foi o divisor de águas da *Nike*, surgindo o *Nike Air*.

- Um local muito interessante para observar são as oficinas mecânicas. Vocês certamente conhecem aquele pequeno varal circular para peças de roupas pequenas, muito úteis para viagens. Ao entrar numa oficina pude observar um destes varais sendo utilizado para secagem de panos de limpeza, mas algo me chamou a atenção. A forma circular foi dada por uma calota de roda de carro, furada e com argolas de chaveiros, nos quais estavam os pregadores de roupa, e, para pendurar, uma corrente daquelas usadas para vasos de plantas. Sem dúvida um olhar diferente para os objetos. Certamente havia um desafio, pendurar os panos de limpeza para secar em local de pouco espaço. O criador utilizou sua experiência anterior, observou os objetos que tinha à mão, esqueceu que eles só tinham uma utilidade e construiu.

Portanto, exercite este olhar diferente, onde estiver, observe tudo e a todos ao seu redor e o que pode estar "atrás da montanha".

> "O homem criativo não é o homem comum ao qual se acrescentou algo, e sim, o homem comum que dele nada se tirou" (Abraham Maslow).

Todos nós nascemos com habilidades criativas, sedentas por se desenvolver. Quando bebês tínhamos uma curiosidade aguçada, querendo experimentar sem medo, pois o sentido do certo e errado e o julgamento não nos atingia, e nos enchíamos de alegria quando da descoberta de novos sons, luzes e cores. Depois crianças, vorazes em descobrir, livres para criar e imaginar.

Quando tinha entre 6 e 7 anos, meus pais me levavam todos os finais de semana para a praça próxima à Biblioteca Municipal de São Paulo; lá um professor de arquitetura do meu pai disponibilizava materiais de pintura para as crianças, eles me dizem que era muito difícil me tirar dali, pois adorava cores, pintar, criar e fazer meu próprio mundo de fantasias, e sabe o melhor? Ninguém me dizia o que fazer, talvez uma sugestão ou outra, mas sem tirar a liberdade de criação do artista.

Sempre frequentei os eventos culturais e, mais do que simplesmente estar lá, me ensinaram a observar, apreciar, admirar, respeitar e, ainda, me ouviam, podia colocar a minha opinião. Se um quadro me mostrava outra coisa além dos olhos de um adulto, tudo bem. Quem diria, me imagino em frente a um quadro famoso dizendo que se fosse eu o artista, utilizaria outras cores, viraria o quadro...

Me lembro bem de um trabalho escolar sobre vulcões, precisávamos apresentar uma maquete, claro, pedi ajuda, e vi materiais que antes julgava servir para uma coisa só se transformarem no meu vulcão. Vi o jornal se transformar no molde; vi pedrinhas que usava na amarelinha se transformarem em grandes rochas de magma, o gesso, para engessar pessoas com o braço quebrado, no formato de um vulcão. Mas a grande mudança deve ter sido na minha expressão de felicidade, depois de ver os materiais se transformando num vulcão e ver também que havia participado do processo de criação.

Todas as crianças são assim, no entanto, o que geralmente acontece durante os 15 anos (1ª série do ensino básico até o final de uma graduação), em média, dentro do sistema educacional formal, é que muitas atitudes em relação aos alunos são agentes de atrofia da criatividade. Eunice Soriano Alencar, professora, pesquisadora e conferencista da área de criatividade, no prefácio do livro *Criatividade – Abrindo o Lado Inovador da Mente*, de José Predebon, faz o seguinte comentário: "*... na grande maioria das instituições responsáveis pela educação formal, privilegia em demasia o desenvolvimento de algumas poucas habilidades de pensamento, dando ênfase especialmente ao domínio da informação e deixando de lado outras habilidades relevantes, como a de pensar de forma criativa e inovadora*". Outro fator relevante é o ambiente vivenciado fora da educação formal: o familiar, grupos de amigos, ambientes frequentados como: clubes, acantonamentos, aulas extracurriculares e outros. Cada um carrega consigo uma história de vida (o que deve ser levado em consideração pelo recreador, na sua atuação). Quando uma pessoa recebe uma crítica depreciativa de um amigo, professor ou pais, sobre uma ideia apresentada, escultura e desenho, por exemplo, acaba-se consciente ou inconscientemente causando uma mágoa profunda, inibindo-se em produzir novas ideias e apresentá-las, constituindo-se no que chamamos de bloqueios da criatividade, apresentados por Roger Von Oech no livro *Um Toque na Cuca*, desta forma:

1. "A RESPOSTA CERTA"
2. "ISSO NÃO TEM LÓGICA"
3. "SIGA AS NORMAS"
4. "SEJA PRÁTICO"
5. "EVITE AMBIGUIDADES"
6. "É PROIBIDO ERRAR"
7. "BRINCAR É FALTA DE SERIEDADE"
8. "ISSO NÃO É DA MINHA ÁREA"
9. "NÃO SEJA BOBO"
10. "EU NÃO SOU CRIATIVO"

Certamente nós poderíamos listar outros bloqueios, assim como outros autores o fazem. Gosto sempre de lembrar pelo menos mais 4 que estão diretamente ligados a atividade do recreador.

1. A risada e a expressão corporal que menospreza – quando se deixa acontecer uma zombaria.

2. A exposição ao "erro" que ridiculariza – músicas e "castigos".

3. O prejulgamento, quanto a pessoas, situações e lugares. Não permitindo e não se permitindo conhecer primeiro. "É preciso dar uma segunda, terceira... chance para que nos cause uma boa primeira impressão".

4. O julgamento **não** afirmativo – *feedback* negativo. Quando um participante ou membro do time de trabalho faz uma observação, sugestão ou ideia e o recreador reage com críticas e comentários negativos. Um exemplo de julgamento afirmativo é: – "Sua ideia é muito boa, poderíamos colocá-la em prática, mas neste momento não é possível, pois não temos o material necessário, vou anotá-la e poderemos pensar em utilizá-la em outro momento, Ok?"

Lembro-me bem de uma passagem interessante. Certo dia durante uma oficina de desenho para alunos de 7 e 8 anos, um recreador se dirigiu a um menino que acabara de colorir seu cachorro de roxo, e disse: "não existe cachorro roxo...", o menino olhou para o recreador e respondeu: "mas... porque o Bidu é azul, o Pluto é laranja e o Floquinho é verde?"

O recreador deve sempre, não somente desenvolver sua criatividade, mas também ter atitudes que não provoquem os "bloqueios da criatividade"; como aborda José Predebon, seja qual for o potencial de cada pessoa, o simples fato de romper com os bloqueios ou permitir a prática pela tentativa em busca do desenvolvimento da capacidade criativa já poderá fazer com que uma pessoa tenha um comportamento criativo diferenciado, se destacando da média.

Deve ainda, por meio de suas atitudes e proposição de atividades, provocar, estimular a criatividade das pessoas, permitindo-lhes imaginar, criar e recriar, sem se preocupar com paradigmas, o "certo" e o julgamento.

Atitudes de um Recreacionista Criativo

A criatividade não é um Dom, e sim uma habilidade a ser desenvolvida. Um recreador criativo exercita diariamente atitudes, pensamentos e comportamentos criativos.

É importante ressaltar que, ao exercitar, o recreador estará não só desenvolvendo o seu lado profissional, mas também o pessoal.

"O comportamento criativo é produto de uma visão de vida, de um estado de espírito, de uma verdadeira opção pessoal quanto a desempenhar um papel no mundo" (José Predebon).

Atitudes e Comportamentos:

- Aceita desafios como parte de seu trabalho
  - Quando lhe propõem situações diferentes do que está habituado, como, por exemplo: espaços, características do público, materiais, objetivos e períodos, provocando a saída da zona de conforto, ele encara como um desafio e uma oportunidade, e não como um problema e uma ameaça.
- Atua em grupo de maneira produtiva
  - Respeita as diferenças entre os membros de seu time e participantes das atividades.
  - Sabe ouvir.
  - É envolvido e comprometido com os objetivos, participando e contribuindo para o time.
  - Exerce a liderança de forma flexível – liderança circunstancial.
- É bom comunicador
  - Exercita a comunicação assertiva independentemente das pessoas e situações com que está se relacionando.

- Exercita a relação interpessoal.
- Faz-se entender de forma clara aos que estão ao seu redor.
- Exercita o *feedback* afirmativo.
- Se automotiva
  - Procura aspectos de automotivação, partilhando com seu público e time de trabalho.
  - É motivador.
- Aprende a aprender sempre
  - Durante as atividades está atento às reações, situações desencadeadas por elas, e aprende, se aperfeiçoa e "pega carona" para novas ideias.
- É coerente
  - O seu discurso é igual às suas ações e atitudes.
- Inspira confiança
  - Ao seu time de trabalho, a quem o contratou e aos participantes.
- Exercita a tolerância e a empatia
- Valoriza seus conhecimentos
  - Procura ser conhecedor não só de assuntos relacionados a sua área, procura saber sobre história, atualidades, agropecuária, publicidade, psicologia, nomes de flores, escuta rádios diferentes e etc., pois nunca sabe quando estas informações se juntarão para formar uma nova ideia.
- Admite que é vulnerável
- É proativo
  - Tem iniciativa própria, sabe agir com coerência, bom senso, ética e cidadania.
- Se permite
  - Experimentar.
  - "Errar".
  - Mudar de opinião.
  - Descobrir.

Trabalhando com Criatividade

Como já citamos, existem técnicas e ferramentas diferentes para se trabalhar de forma criativa. Exercitaremos aqui uma forma de trabalho já aplicada na minha empresa em elaboração de projetos, assim como em cursos ministrados por mim, com resultados excelentes, nos quais os alunos puderam perceber que, em aproximadamente 1 hora de trabalho, é possível sim chegar a ideias inovadoras de forma objetiva e muito prazerosa, com o sentimento agradável de participação e contribuição para a elaboração de uma ideia. Ao contrário de reuniões cansativas em que muito se discute, muito se fala, pouco se escuta, pouco se produz e dura muito tempo.

1. Reúna seu time de trabalho, escolha um local confortável, agradável, de preferência sem telefone ou outros fatores que possam interromper a concentração. Todos devem se colocar de forma que fiquem visíveis, em círculo ou em "U".

2. Aquecimento (pág. 238)

3. Estando a equipe aquecida, coloque no papel os desafios, por exemplo, um jogo, programação, um evento ou um "desafio" a ser solucionado.

4. Nomeie pelo menos dois escreventes. O time levantará o maior número de ideias, neste momento não devemos julgar nossas ideias nem a dos demais, não há críticas. Não se esqueçam de que estamos procurando inovar. Ouçam as ideias dos demais, pois poderão "pegar carona", ou seja, combine, misture, inverta um pensamento, palavra dita ou pensada por você e que leve a outra ideia. Quanto maior a quantidade de ideias melhor, "o maior risco da criatividade é ter somente uma ideia". Passe por esta etapa em no máximo 10 minutos.

5. Os escreventes agora irão ler em voz alta, colocar na lousa, ou *flip chart*. O objetivo é que todos possam conhecer o produto da etapa anterior.

6. O time agora irá escolher as ideias mais originais, estimulantes e inovadoras. Por exemplo, se o produto da etapa 3 é de 20 ideias, agora serão escolhidas 10 – aproximadamente 10 minutos para este passo.

7. Destas 10 escolhidas, discutam a possibilidade de execução destas quanto à: espaço disponível, público a que se destina, material, verba, equipe necessária, estação do ano, objetivo e outras informações que o time disponha. Após a exposição de opiniões, ainda levando-se em consideração os pontos na etapa 6, escolham uma ideia, a "ideia do time". Utilize aproximadamente 20 minutos.

8. Neste passo é importante definir as funções e responsabilidades de cada um, "arregaçar as mangas" e colocar a ideia em prática. A organização de trabalho e elaboração de propostas será abordada no capítulo seguinte.

Dica: Nos passos 6 e 7, exercite o julgamento afirmativo, mantendo a motivação e encorajando o time para elaborar novas ideias, evitando assim os Bloqueios da Criatividade.

Exercícios para o desenvolvimento do pensar criativo (Aquecimento)

Lembranças de uma palavra ...

- **Material necessário:** papel e caneta para cada um dos participantes.
- **Desenvolvimento:** uma palavra será dita pelo recreador, por exemplo, BOLA. Durante um minuto todos tentarão escrever o maior número de palavras que façam associação com este objeto, por exemplo: futebol, infância, mundo, bolhas, laranja, olho, brincadeira, célula, meia.... O que cada um escrever não necessariamente será mostrado aos demais, a não ser que a pessoa deseje compartilhar.

- **E por que não?** mude as palavras-chave e desafie o grupo a aumentar o número de palavras.

- **Pergunte** se alguém deixou de escrever alguma palavra que pensou; se sim, pergunte por que, geralmente aparecerão nas respostas os bloqueios da criatividade. Lembre a todos de que não há respostas certas ou erradas e que as palavras escritas não serão julgadas por ninguém.

Roteirista

- **Material necessário:** aparelhagem de som e CDs variados, cada participante deve ter papel e caneta.

- **Desenvolvimento:** escolha uma música, de preferência instrumental, pode ser *rock and roll*, *new age*, clássica, MPB ou outra que deseje. Dê a seguinte instrução: "Imagine-se como um cineasta, roteirista de um filme; quando começar a música vocês deverão criar um filme, com seus personagens, lugares, época, o desenvolvimento das ações e fatos, deixe-se levar pela trilha sonora".

- **Observe:** se a trilha for de *rock and roll*, os filmes, na sua maioria, serão de ação e aventura, e se a trilha for de música clássica, os filmes poderão ser românticos e dramáticos. Pode-se pedir, para aqueles que desejarem, que leiam seus roteiros. O tempo de duração que sugiro é de aproximadamente 10 minutos.

- **E por que não?** pedir para que os participantes se reúnam, troquem os roteiros, criem um filme só e depois apresentem aos demais.

Ponto não final

- **Material necessário:** lousa e giz ou *flip chart* e caneta.
- **Desenvolvimento:** faça o desenho de um ponto ou outro desenho sem forma definida e pergunte aos participantes

o que estão vendo. Vale tudo, por exemplo: olho, boné visto de cima, bola, nariz de palhaço, bolo, tomate esmagado, quindim, etc. O recreacionista deverá sempre fazer observações afirmativas sobre as sugestões dadas.

- **E por que não?** trocar o ambiente de sala por um lugar na natureza e, junto com os participantes, escolher um "ponto" sem forma definida. Por exemplo: galhos e folhagens, nuvens e desenho formado em rochas pela ação natural. Proponha a atividade para um grupo de crianças e um grupo de adultos, e compare.

- **Observe** que crianças têm maior facilidade para dar sugestões do que os adultos, pois seu poder de julgamento é menor que o dos adultos.

Mímica criativa

- **Material necessário:** bastão feito de jornal.

- **Desenvolvimento:** os participantes estarão em círculo. O bastão de jornal passará para cada um dos participantes, que o "transformará" em objetos e através da mímica darão pistas para que os demais adivinhem. Os objetos não podem se repetir. Pode-se lançar um desafio para o grupo: "vamos ver em quantos objetos este bastão de jornal pode se "transformar". Por exemplo: enxada, luneta, escova de dentes, tocha, lápis, haltere, e assim por diante.

- **E por que não?** trocar o bastão por uma tábua de carne, bandeja ou outro objeto que desejar.

- **Observe:** os participantes ao verem os objetos criados, "pegarão carona" para criar o seu.

Se toque!

- Crie com o seu time ou o seu próprio, banco de ideias. Todas as ideias que tiver, mesmo as que não foram escolhidas numa criação em grupo ou individual, devem ser arquivadas e poderão ser utilizadas nas próximas reuniões de criação, permitindo que peguemos carona ou mesmo as aproveitemos em nova oportunidade. Nunca deixe uma ideia escapar, tenha sempre por perto papel e caneta!

- Ao ler e/ou consultar um livro com atividades recreativas, esteja sempre aberto para mudar, misturar, agregar e recriar. Pergunte-se sempre: e se eu experimentar mudar esta atividade? E por que não fazer de outra forma? Tenha sempre em mente que as atividades recreativas de um livro não são imutáveis. Transforme, misture, mude, experimente, crie e recrie!

- Ao observar uma atividade ou evento, pergunte-se sempre: E por que não?

- Durante o momento de se levantar muitas opções e ideias, perceba que aquelas que surgem rapidamente estão ligadas às experiências anteriores, e aquelas que surgem após um momento de "silêncio" são inovadoras. Por isso, não pare de levantar ideias quando o momento de "silêncio" chegar, insista sempre por mais um tempo.

- Não se limite a exercitar a sua criatividade apenas no que diz respeito ao trabalho, criar novas receitas de uma refeição, decoração, escolha de roupas e acessórios, por exemplo, são ótimos exercícios para mente criativa.

Histórias para boi acordar - Cases

UMA EXPOSIÇÃO CRIATIVA – Evento realizado no Colégio Rio Branco, unidade Higienópolis – São Paulo-SP (figs. 1, 2 e 3)

A direção do colégio solicitou-nos proposta para comemoração do dia das mães, desejavam algo diferente. Tínhamos como desafio: evento a ser realizado para dois grupos de aproximadamente 750 pessoas, para cada grupo um período de 1 hora e 15 minutos com 20 minutos de intervalo, e três quadras poliesportivas como espaço disponível.

Figura 1.

Figura 2.

Figura 3.

- **Nosso objetivo:** proporcionar aos participantes vivências em oficinas de criação de diferentes áreas.
- **Oficinas:** dança, instrumentos musicais, histórias, mosaico, tangran, construção com caixas, moda e colagem.
- **Desenvolvimento:** na entrada os participantes receberam cartões com desenhos diferentes, pois precisávamos dividi-los em grupos, um para cada oficina. Durante 45 minutos trabalharam com liberdade de criação. Em cada oficina tínhamos um recreador com experiência no tema, por exemplo: bailarinos na dança, músico na criação de instrumentos e assim por diante. Ao final deste tempo cada oficina tinha seu produto final, uma exposição, por onde todos puderam circular, visitar e experimentar: "Uma Exposição Criativa".

O HOMEM QUE AMAVA CAIXAS – Evento realizado no Colégio Rio Branco – unidade Granja Viana, São Paulo-SP. (figs. 4, 5 e 6)

A direção do colégio procurou-nos para realizar o evento comemorativo do dia dos pais. A única intenção clara era de que os alunos, ao final do evento, entregassem de presente aos pais o livro infantil: *O Homem que Amava Caixas* – Stephen Michael King. Em resumo, o livro mostra pai e filho que não conseguem se comunicar e demonstrar seus sentimentos um ao outro. O pai, um colecionador de caixas, de todas as formas, cores e tamanhos, descobre que pode construir, com as caixas, brinquedos para seu filho, estabelecendo assim a comunicação que lhes faltava.

Foi levantada pela nossa equipe a existência da coleta de lixo reciclável por parte do colégio, junto com a contribuição dos pais e alunos. Pensamos: e por que não agregar outros materiais às caixas? Tínhamos ainda o desafio de desenvolver uma atividade para dois grupos de 750 pessoas em dois períodos de 1 hora e meia com 30 minutos de intervalo e duas quadras como espaço disponível.

Figura 4.

Figura 5.

Figura 6.

- **Nosso objetivo:** proporcionar um momento de criação e construção de brinquedos entre pais e filhos, dando-lhes a oportunidade de experimentar uma forma de comunicação, a proposta pelo livro.

Como garantir que, em tão pouco tempo, os participantes pudessem criar e chegar a produtos inovadores? Mais um desafio.

- **Desenvolvimento:** o envolvimento com o evento foi o nosso ponto de partida, todos os professores criaram uma fantasia confeccionada com sucata e elaboramos um convite que pedia que pais e alunos desenhassem dentro de um "balão de imaginação" e que, assim, seria a senha de entrada para o mundo mágico da transformação. No dia do evento esta senha foi trocada por um cartão colorido, a fim de organizá-los em grupos. Próximo de cada grupo estavam os materiais, pedi para que todos escolhessem uma caixa de papelão. Iniciava-se aí o "aquecimento" para as mentes criativas! Perguntas e solicitações foram feitas: "que formato tem sua caixa?", "ela é maior ou menor que a do papai?", "quais as cores que ela tem?", "coloque uma parte do seu corpo dentro da caixa!", "aproxime a caixa de seu ouvido e perceba o som que ela tem ao bater nela!", "vamos equilibrar a caixa na cabeça? coxa?, onde mais?" E, por fim, "em que vocês acham que esta caixa pode se transformar?". Foi um grande falatório, levantaram muitas possibilidades, pegaram muitas "caronas" e não julgaram as ideias de quem estava ao lado. Os passos seguintes foram pais e filhos decidindo no que a caixa iria se transformar e colocando a ideia em prática.

O que fizemos com as senhas? Construímos um grande painel confeccionado com caixas de papelão, onde foram coladas as senhas, formando um grande mosaico exposto na saída do evento.

- **Observações:** os pais perceberam que não é necessário muito tempo e nem dinheiro para estabelecerem uma relação, a comunicação tão necessária para expressarem:

alegria, amor e afeto. A expressão de felicidade das crianças ao saírem abraçadas com seus pais e levando um brinquedo criado e construído pela dupla, era notável.

CAÇA AO TESOURO FOTOGRÁFICA – Evento comemorativo do dia do servidor público da Prefeitura Municipal de Santo André-SP

Recebemos um pedido do departamento de Recursos Humanos (RH), queriam uma grande atividade, haviam feito uma votação para a escolha e a ideia vencedora era: uma caça ao tesouro. Fomos até o local, o Paço Municipal, para observar os possíveis locais para esconder as pistas, tarefa esta que notamos que seria quase impossível, pois os locais não nos permitiam descrições precisas e suficientes para a elaboração destas pistas, um exemplo era a luminária igual por toda a parte. Tínhamos um desafio. Depois de levantarmos muitas possibilidades, optamos por fotografar locais com detalhes difíceis de serem notados aos olhos apressados de quem chega ou sai de um dia de trabalho, por exemplo: o número pintado numa vaga de carro oficial, uma luminária (que para saber qual era, tinham que notar o que estava próximo dela na foto), detalhe de um monumento, uma declaração de amor anotada numa parede e assim por diante.

- **Desenvolvimento:** um regulamento foi entregue aos servidores, as equipes foram inscritas e tarefas antecipadas foram solicitadas a fim de se trabalhar com a predisposição e a motivação dos participantes. No dia, ao chegarem no ponto de início da Caça ao Tesouro Fotográfica, todos já estavam motivados. Cada equipe seguia acompanhada de um recreador, este tinha em mãos tarefas a serem cumpridas. A cada pista/local encontrado, a equipe cumpria uma tarefa e então recebia a próxima pista/foto. Por que recebiam as fotos das mãos do recreador? O local não oferecia possibilidade de escondê-las e, por ser um local de trânsito intenso de pedestres, as pistas poderiam sumir.

É importante citar que em todos os momentos, se evidenciou a participação e o compromisso com a diversão.

TEST DRIVE

Fui procurado pela empresa responsável pela organização e execução do *test drive* de lançamento de um carro utilitário, o Inca da SEAT, eles precisavam inovar. Para que o leitor possa entender melhor, um *test drive*, nestes eventos, se resume em dois motoristas que dirigem por um percurso e em determinado ponto fazem a troca de comando e retornam ao local de saída. O evento foi realizado na cidade de Campos do Jordão-SP. Nos dirigimos até lá e levantamos as possibilidades de percursos, e a ideia final de realizarmos um *test drive* – Rali de regularidade e gincana. Observamos a existência de locais como posto de gasolina, pátio de estacionamento, choperia, clube e floricultura, entre outros, e optamos por estes citados. O passo seguinte foi analisar quais eram as qualidades do produto a ser lançado, neste caso: facilidade de abertura do compartimento de cargas e sua capacidade, pontos de amarras e direção hidráulica. Com estas informações foram criadas as tarefas.

- **Desenvolvimento:** a saída foi realizada no Grande Hotel, em cada carro um mapa do percurso com indicações dos pontos onde cumpririam as tarefas da gincana.
  - 1ª parada: Posto de Gasolina – Tarefa: acomodar 5 caixas de tamanhos diferentes.
  - 2ª parada: Estacionamento – Tarefa: em vagas predeterminadas e com fita métrica gigante, realizar a baliza.
  - 3ª parada: Choperia – Tarefa: retirar junto ao comerciante um barril de chope e acomodá-lo no compartimento.
  - 4ª parada: Clube – Tarefa: decifrar uma charada e com a resposta certa completar as informações de um pedido de flores.
  - 5ª parada: Floricultura – Tarefa: encontrar as flores do pedido, colocá-las numa caixa e depois acomodar no compartimento de carga.
  - 7ª parada: Doca do hotel – Tarefa: descarregar as cargas.

Não houve riscos de acidentes, pois sendo também um rali de regularidade, era necessário cumprir as tarefas e percurso dentro de um tempo predeterminado pela organização, e, portanto, seguro.

Considerações Finais

É importante para o profissional da recreação estar atento à dinâmica de mercado, observá-la a fim de colher informações que irão contribuir no processo de criação de propostas e atividades. Um olhar diferente pode transformar uma simples atuação num trabalho inovador; uma simples atividade, numa atividade surpreendente, e é isto de que o setor necessita, um profissional e propostas capazes de inovar, o que trará a diferenciação na prestação de serviços dentro de um mercado competitivo. Por isso, se preparar para as oportunidades, criá-las e estar sempre pronto para desafios e mudanças. "As oportunidades não são dadas, nós as construímos."

Experimente a satisfação e o desejo de querer mais todas as vezes que realizar um trabalho inovador e criativo. Realizar o que muitos já fazem é como um brinquedo que, ao apertar um botão, se movimenta sozinho, é previsível, desinteressante, comum e que em pouco tempo ficará no canto do armário ou numa prateleira. Ao contrário de um brinquedo que possibilita ser mudado, recriado e transformado a cada dia a mando de sua imaginação, pois este lhe trará sempre o desafio e a emoção de criar a cada instante, e a cada dia. Você transmite às pessoas aquilo que é.

As ferramentas do processo criativo podem auxiliá-lo nas tarefas diárias. Tornar-se mais criativo depende de um exercício diário das atitudes e comportamentos criativos, que com certeza os levarão a adquirir uma das características apontadas pelas empresas como essencial para um profissional atual e de sucesso.

Nos capítulos anteriores foram abordados aspectos conceituais do lazer, fatias do mercado, tipos de atividades e suas aplicabilidades. E no próximo capítulo, propostas e projetos de recreação, que lhes mostrará como "vender" o trabalho dentro deste mercado.

Conhecendo as Abordagens e Ferramentas do Processo Criativo

Aqueles que se interessam pelo tema devem procurar literatura sobre o assunto, que tem abordagens técnicas e ferramentas diferentes. É importante citar ainda a existência do Workshop de Criatividade-ESPM, ministrado pelo Professor José Predebon. O Creative Problem Solving Institute (CPSI), em Buffalo-NY, Instituto Latino-Americano de Criatividade e Estratégia (ILACE) São Paulo-SP, que têm por objetivo estudar, trocar experiências sobre o tema e capacitar facilitadores. O Encontro Nacional de Criatividade da Fundação Brasil Criativo (FBC) Aracaju-SE, com o objetivo de reunir pessoas de diferentes áreas que se utilizam das ferramentas do processo criativo com aplicações diversificadas e a discussão de abordagens por meio de vivências, oficinas e palestras, é reconhecido pelo CPSI como o maior evento de criatividade fora dos Estados Unidos.

Referências bibliográficas

ANTUNES, Celso. *A Teoria das Inteligências Libertadoras*. Petrópolis-RJ, Editora Vozes, 2000.

AYAN, Jordan. *Aha! 10 Maneiras de Libertar seu Espírito Criativo e Encontrar Grandes Ideias*. São Paulo, Negócio Editora, 2001.

BEE, Frances & Roland, *Feedback*. São Paulo, Editora Nobel, 2000.

CAMARGO, Luiz Otávio de Lima. *Educação para o Lazer*. Col. Polêmica. São Paulo, Editora Moderna, 1998.

MARCELLINO, Nelson Carvalho (Org.). *Lazer: formação e atuação profissional*. 4ª ed. Col. Fazer/Lazer. Campinas-SP, Papirus, 1995.

PREDEBON, José. *Criatividade: abrindo o lado inovador da mente*. 2ª ed. São Paulo, Atlas, 1998.

_____. *Criatividade Hoje: como se pratica, aprende e ensina*. São Paulo, Atlas, 1999.

VON OECH, Roger. *Um Chute na Rotina*. São Paulo, Cultura, 1996.

_____. *Um Toque na Cuca*. São Paulo, Cultura, 1996.

CAPÍTULO 12

Elaboração de Projetos na Área de Lazer e Recreação

Jaqueline Gomes da Silva

Gostaria de iniciar este capítulo expressando minha enorme satisfação de poder contribuir com este trabalho, pelo seu expresso compromisso no enriquecimento da formação e profissionalização da área de lazer e recreação.

Poder estabelecer um diálogo sobre elaboração de projetos neste setor, sem dúvida nenhuma, é uma grande responsabilidade diante das exigências e competências que cercam hoje esse profissional, com perfil ainda em definição, mas com um destaque já visível no mercado profissional e na sociedade.

Até bem pouco tempo, os profissionais de Lazer tinham sua atuação limitada na prática de atividades, porém diante da ampliação e importância deste mercado surgem novas e riquíssimas oportunidades de atuação, abrindo espaço para empreender ideias e projetos inovadores sob o comando de um profissional que hoje tem formação e especialização específica. O tempo profissional na área de Lazer e Recreação tem finalmente sua projeção iniciada.

Neste capítulo, esperamos poder contribuir para além de um roteiro de dicas para elaboração de projetos. Queremos propor uma relação de construção mais apaixonada por esta técnica aparentemente tão árida, chamando atenção para a riqueza de um universo onde o pensar, o criar, o projetar, o escolher, o analisar e o realizar exigirão de você argumentações diferenciadas e legitimadas no saber-fazer. Portanto, a única coisa imprescindível para saber conceber projetos é gostar de aprender sempre. Por isso, caro leitor, considere-se realizando uma viagem, na qual você estará a cada passo observando uma "paisagem diferente", conhecendo melhor cada "localidade" e podendo registrar suas informações em "fotos" que lhe servirão para o planejamento e o gerenciamento de seus projetos. Porém, lembre-se, você poderá experimentar e desfrutar ao longo desta viagem de prazeres e desprazeres. Nem tudo que for previsto acontecerá da forma como foi "imaginado" e muitos imprevistos ocorrerão. Saber lidar com tais situações lhe ajudará durante o caminho. Pessoas, prazos, pressões, mudanças, conflitos, escassez de recursos serão alguns dos parâmetros com os quais você terá que lidar e os quais deverá controlar durante a construção do projeto. Todavia, desfrute do percurso. Aproveite os acertos e aprenda com os erros, pois o melhor desta viagem é a possibilidade de exercitar a mente, a imaginação e a atitude diante de novos desafios.

O projeto

O projeto formata a ideia de executar ou realizar algo no futuro, para atender a necessidades ou aproveitar oportunidades, levantando e dimensionando implicações, tanto favoráveis, quanto desfavoráveis. Refere-se a um tema específico, requer quantidades definidas de recursos e de tempo e estabelece resultados tipicamente quantificáveis. O processo de elaboração, análise e avaliação de projetos envolve um complexo elenco de fatores socioculturais, econômicos e políticos que influenciam os decisores na escolha dos objetivos e dos métodos.

O projeto é parte significativa de um processo de planejamento, à medida que atua como parte integrante do processo decisório, realimentando e orientando o processo de decisão em suas diversas fases. Como um empreendimento único ele representa a "mudança". Em determinado instante, ele nasce, desenvolve-se durante um período de tempo determinado e é finalizado quando seus objetivos são atingidos.

Antes que decisões estratégicas sejam operacionalizadas, tem-se o processo de elaboração e análise de projetos, como um simulador das decisões estratégicas, particularmente das decisões de investimento.

Planejamento

O planejamento é desenvolvido para que se alcance uma situação desejada, de um modo mais eficiente e efetivo, com a melhor concentração de esforços e de recursos pelo gestor. Envolve um modo de pensar diferente, abrangendo indagações que, por sua vez, induzem a questionamentos do tipo: O que será feito? Como? Quando? Por quem? Para quem?

Assim, o planejamento exige, de um modo geral, um detalhamento por programas, que por sua vez são dispostos em planos e/ou projetos.

Programas

Constitui-se de um conjunto de projetos que caracterizam etapas importantes do processo de planejamento.

Projetos

Projeto é um processo único, consistente, com um conjunto coordenado e controlado de atividades, com data de início e término conduzidas para atingir um objetivo com requisitos especificados, incluindo restrições de tempo, custo e recurso (ISSO 10.006 – Diretrizes para Qualidade no Gerenciamento de Projetos).

Atividade

É a menor unidade ou parte de um projeto.

Administração do projeto

É o esforço no sentido de melhor alocar recursos, tendo em vista atingir aos objetivos estabelecidos.

Vantagens na elaboração de projetos

- Ter uma memória referencial e detalhada do que se quer realizar.
- Por meio do conhecimento prévio do que pode ocorrer, ou não, é possível ao gestor avaliar e tomar decisão mais acertada quanto ao apoio ou não à ideia concebida do projeto.
- É um instrumento de muito valor para se comparar o desempenho realizado com o projetado, fazendo correções e, ainda, avaliar a gestão do projeto.

As principais preocupações da elaboração de projetos situam-se em três pontos básicos, a saber:
- Fornecer dados e informações para auxiliar a decisão.

- Ter riqueza de detalhes que possibilite a correta implantação.
- Fornecer orientações para avaliação de desempenho da operação e/ou realização.

O processo de decisão é crucial para a transformação da etapa de concepção em realização, ensejando, obviamente, o alcance do sucesso. Por esta razão, ao abordar sobre o projeto, o gestor não poderá negligenciar quanto aos aspectos de qualidade, de detalhamento e de precisão dos dados e informações. É fundamental que cada patrocinador do projeto obtenha todos os detalhes do objetivo a ser perseguido. Da mesma forma, é importante registrar as atividades, seus desdobramentos e interligações, custos e possíveis formas de geração de recursos.

A riqueza de detalhes, fruto da experiência e da correta obtenção e ordenamento das informações, certamente permitirá que, na fase de execução, os responsáveis pelas diversas atividades tenham referenciais adequados para consultas e orientação.

Finalmente, a elaboração de projetos tem por objetivo fornecer elementos para avaliação de desempenho das etapas de operação da realização. Ao se examinar os aspectos que indicam o sucesso de um projeto, deverão ser levados em consideração os seguintes itens:

- Rigoroso cumprimento dos prazos estabelecidos (cronograma).
- Enquadramento aos custos preestabelecidos.
- Cumprimento da qualidade técnica esperada.
- Cumprimento das exigências de viabilidade.
- Cumprimento de equilíbrio financeiro.
- Aumento ou manutenção da rentabilidade do empreendimento.
- Aumento ou manutenção da captação de oportunidades de negócios.

A função do profissional encarregado pela elaboração do projeto será a de apurar informações, levantar dados, processá-los e emitir o parecer eminentemente técnico sobre ele, sem qualquer compromisso ou constrangimento advindos de laços de amizade com o organizador, pressões políticas etc., respeitando, acima de tudo, a sua consciência profissional.

Ciclo de vida típico de um projeto

Concepção básica de um projeto

Os projetos apresentam um "ciclo de vida", que têm entre seu início e fim determinados um processo de desenvolvimento, estruturação, implantação, e, finalmente, uma conclusão. Por este ciclo podemos observar – ou criar – com antecipação e macroscopicamente o que queremos que aconteça com o projeto.

Durante esta elaboração podemos prever, aprioristicamente, o consumo de recursos, etapa por etapa, durante todo o tempo demandado por ele. A elaboração deste ciclo de vida permite-nos elaborar um anteprojeto, um estudo de viabilidade sobre o que se pretende desenvolver. Ele é considerado um instrumento valioso para aprofundar ideias e conceitos a serem implementados. Assim o ciclo apresenta, desde o seu nascimento, seu desenvolvimento e consolidação até seu encerramento, fases fundamentais. Estas, na prática, são interdependentes. Para que tenha melhor entendimento, a seguir demonstra-se o desdobramento de cada uma.

1) Fase conceitual

É o nascer da ideia do projeto, a marca inicial de sua germinação até a aprovação da proposta para sua execução.

É nessa fase que, procurando entender melhor o que podemos e queremos fazer, definimos os grandes passos e volume de recursos necessários.

Concepção:
- Identificação do público-alvo.
- Realização de estudos preliminares.
- Definição de ideias, objetivos, desafios e metas.
- Caracterização do ambiente do projeto.
- Definição dos critérios e parâmetros de avaliação do projeto.

Aspectos importantes desta fase:
- Identificar necessidades e oportunidades.
- Equacionar e definir problemas.
- Apontar os objetivos e metas a serem alcançados.
- Analisar o ambiente do problema.
- Analisar os recursos disponíveis.
- Avaliar o atingimento dos objetivos.
- Estimar os recursos necessários.
- Decidir quanto à execução do projeto.
- Elaborar proposta do projeto.
- Avaliar e selecionar com base na proposta submetida.
- Apresentar a proposta e venda da ideia.

2) Planejamento
Esta é a fase de estruturação e viabilização operacional do projeto, depois da proposta de trabalho já aprovada.

Elaboração e análise/decisão:
- De anteprojetos que permitem tomar decisões de dotações de recursos para estudos mais avançados e preferenciais entre as realizações possíveis.
- Do projeto básico definindo objetivos e orçamento.
- Da análise de usos e fontes (programação e alocação de recursos).

- Da viabilização em termos de mercado dos aspectos técnicos e resultados econômico-financeiros.
- De detalhamento organizacional e gerencial.
- De negociação e combinações dos recursos necessários.
- Da formalização da decisão.

Aspectos importantes desta fase:
- Detalhar metas e objetivos a serem alcançados, com base na aprovação da proposta.
- Definir a gerência do projeto.
- Detalhar as atividades e estruturar analiticamente o projeto.
- Montar a programação de atividades no tempo disponível e/ou necessário.
- Determinar os resultados tangíveis a serem alcançados durante a execução do projeto.
- Programar os recursos humanos e materiais necessários ao gerenciamento e à execução do projeto.
- Projetar os procedimentos de acompanhamento e controle a serem utilizados na implantação do projeto.
- Estabelecer a estrutura orgânica formal a ser utilizada para o projeto.
- Estruturar o sistema de comunicação e de decisão a ser adotado.
- Descrever o comprometimento dos técnicos dos que participarão do projeto.
- Treinamento dos envolvidos com o projeto.

3) Execução

Esta é a fase de execução do trabalho propriamente dito. É importante ressaltar que, ao longo do desenvolvimento do projeto, quase sempre são necessários ajustes; entretanto, não se pode perder de vista o plano inicial – no que se refere a prazos e orçamento – e corrigir periodicamente os planos intermediários.

Implantação:
- Do recrutamento de pessoal.
- Da seleção de fornecedores.
- Da captação de recursos.
- De compras.
- De inspeção e diligenciamento.
- Dos projetos básicos e detalhamento de engenharia.
- Do orçamento detalhado.
- Das contratações.
- Da assistência técnica e tecnológica.
- Da construção civil.
- Da fiscalização.
- Da montagem.
- Do treinamento.
- Do capital de giro inicial.
- Da desmobilização da implantação.
- De testes.

Operação/realização:
- Do capital de giro.
- Da manutenção.
- Do mercado.
- Da administração.
- Dos resultados.
- Do fluxo de caixa.
- Das expansões.
- Da comercialização.
- Dos recursos humanos.
- Do controle.
- Da avaliação final.

Genericamente, podemos apresentar como principais características dessa fase:

- Ativar a comunicação entre os membros da equipe do projeto.
- Executar etapas previstas e programadas.
- Utilizar os recursos humanos e materiais, se possível, dentro do que foi programado (quantidades e períodos de utilização).
- Efetuar reprogramações no projeto segundo seu *status quo* e adotando os planos e programas iniciais como diretrizes, eventualmente, mutáveis.

4) Conclusão

Essa última fase corresponde à etapa final do projeto. Sua principal característica é a dificuldade de manter as atividades dentro do que foi planejado. São comuns nessa fase do projeto:

- Aceleração das atividades que, eventualmente, não tenham sido concluídas.
- Elaboração da memória técnica do projeto.
- Elaboração dos relatórios e transferência dos resultados finais do projeto.
- Emissão de avaliações globais sobre o desempenho da equipe do projeto e os resultados alcançados.

A visão minuciosa do "ciclo de vida" de um projeto, como uma parte do planejamento, é muito importante. Por ela, os mentores financiadores e principais envolvidos podem avaliar as dimensões do projeto pretendido, mesmo que em grandes linhas.

A previsão prática desse ciclo de vida também se manifesta na previsão dos problemas e conflitos possíveis de ocorrerem em cada uma de suas fases. Dessa forma, os sistemas administrativos adotados e as habilidades necessárias por parte do gestor do projeto podem, também, ser previstos. Ao término da elaboração do "ciclo de vida", o projeto em geral é julgado e apresentado pelo cliente (externo ou interno à empresa), e só com sua aprovação é que se passa às fases seguintes.

Formalização de propostas

Consiste em organizar e registrar a ideia do projeto por meio de um documento chamado: Proposta Executiva. Esta deve sintetizar as principais informações daquele projeto, apresentando a ideia geral e os argumentos quantitativos e qualitativos de sua viabilidade técnica e econômica.

Trata-se de um instrumento que transmite uma importante mensagem, cuja finalidade é a venda do projeto. Portanto requer toda atenção na sua elaboração e apresentação. O propósito desse instrumento é a comunicação entre as partes, por meio de uma mensagem clara que assegure os patrocinadores um adequado nível de compreensão de suas expectativas por parte dos responsáveis pela realização do projeto e que, também, servirá para focalizar e estruturar as futuras ações dos membros de sua equipe de implementação.

A proposta executiva deve ser elaborada obedecendo a um roteiro lógico, de modo a facilitar o entendimento de todas as pessoas envolvidas na realização do projeto. O roteiro não deverá ser considerado como uma camisa de força ou uma receita de bolo a qual não poderá sofrer modificações.

Os projetos têm características episódicas e, por essa razão, qualquer roteiro deverá ser adaptado em função de suas aplicações e ao cronograma de realização. Assim, a seguir, sugerem-se modelos de roteiros, a saber:

A proposta executiva usualmente define:

- O Título e/ou referência para identificação da proposta.
- As necessidades do cliente ou usuários que foram identificados.
- A descrição sistematizada da ideia, argumentando as vantagens da proposta.
- Quais os fatores críticos (critérios e parâmetros objetivos) que definirão a aceitação e o sucesso do projeto (quantificação em números, sempre que possível).
- O que o cliente pode esperar do projeto (objetivos e resultados).
- A estratégia da solução escolhida.
- Onde o trabalho começa e onde termina (limites do escopo).
- Quem deve ser envolvido no processo de aprovação e revisão do projeto.
- Quais são as restrições, premissas e prioridades.
- A data de conclusão, caso seja conhecida.
- O limite de dinheiro e/ou tempo a ser investido.
- As pessoas-chave, suas autonomias e responsabilidades.
- O grau de risco aceitável e os principais obstáculos identificados.

   Quais as informações críticas a serem comunicadas, possibilitando o acompanhamento do progresso.

Sugestão de roteiro:

- Capa.
- Pasta para a apresentação do projeto.
- Folha de rosto.
- Índice ou sumário.
- Apresentação do projeto:
   a) o que;
   b) para quem;
   c) como;

d) onde;

e) quando.

- Pesquisa de mercado ou comunidade.
- Patrocínio/apoio/colaboração/coparticipação.
- Oportunidades de *marketing*:

f) assessoria de imprensa;

g) publicidade e propaganda;

h) material de *merchandising*.

- Plano de ação – Cronograma operacional/financeiro.
- Recursos humanos.
- Recursos financeiros.
- Recursos materiais – custos estruturados.
- Benefícios esperados.
- Restrições do projeto.

Captação de patrocínio

A conquista de um apoiador ou patrocinador assemelha-se a um jogo complexo, que exige paciência, método e concentração, e cujas regras de conduta precisam ser dominadas por quem pretende se dedicar à tarefa. Um objetivo dá sentido a este jogo: identificar parceiros potenciais e persuadi-los a enxergar no seu projeto uma boa oportunidade de negócios ou de comunicação de produtos e serviços. Nele há pouco ou nenhum espaço para improvisação. Vence quem estuda melhor o "adversário".

Parcerias:

- **De natureza financeira** – quando o parceiro investe recursos financeiros para ter sua marca associada à realização do projeto, não participa em nenhuma das etapas de sua organização. A base de troca, é portanto, o dinheiro.

- **De natureza operacional** – quando os parceiros fornecem ou permutam recursos materiais ou humanos. A base de troca, neste caso, é a infraestrutura.

- **De natureza técnica** – quando o parceiro coloca à disposição do projeto sua capacidade técnica (agenda de contatos, conferencistas, organizadores e etc.) para otimizar os conteúdos do projeto. A base da troca é o prestígio técnico.

- **De natureza institucional** – quando o parceiro associa sua marca, valorizando a credibilidade do evento e atraindo um público sobre o qual possui ascendência. A base de troca é o prestígio e a idoneidade.

Tipos de Parcerias:

Correalização – é quando o parceiro tem destaque similar ao realizador do evento, com mesmo destaque gráfico e de posicionamento nas peças de comunicação. Geralmente para isso acontecer os parceiros precisam investir recursos financeiros significativos, algo em torno de 30% a 60% dos custos de organização. Há casos, no entanto, que investimentos operacionais, técnicos ou institucionais possam ser tão decisivos para o sucesso do evento, que se caracterizem como coautoria.

Patrocínio – esta é uma parceria sempre de natureza financeira. São considerados patrocinadores aqueles parceiros que compram uma ou mais cotas (parcelas do custo total de organização) do evento com o propósito de vincular sua marca à realização deste.

O destaque recebido pelo patrocinador, nas peças de comunicação, é sempre proporcional ao investimento feito. Caso haja mais de um patrocinador, cuide para que todos tenham o mesmo destaque gráfico.

Apoio – este tipo de parcerias caracteriza-se por investimentos de natureza operacional, técnica e institucional. São permutas como cadastros de clientes, chancela institucional, recursos humanos e/ou materiais entre outros. Neste caso, o parceiro recebe menor destaque no material gráfico.

Caso haja mais um parceiro com essa característica de apoio, vão se diferenciar muito pouco entre si. Se algum entre esses tenha investido recursos de valor superior aos demais, convém distingui-lo em outra categoria, denominada "apoio especial".

Promoção – caracteriza-se pelo apoio, na forma de divulgação, de veículos de comunicação (jornal, revista, TV, rádio), reduzindo ou franqueando custos publicitários. Neste caso deverá ser citado na categoria "promoção". O destaque gráfico é o mesmo dos apoiadores.

Proposta de apoio e patrocínio:

Projeto: claro, objetivo e convincente.

Este é o ponto de partida para a conquista de patrocinadores e apoiadores.

Redação: dedique tempo em uma elaboração para o texto do projeto. Os patrocinadores potenciais ("Prospects") não perderão tempo lendo um projeto desinteressante e pouco atrativo.

Estilo aqui também é fundamental. Mas não abuse. O texto tem que ser claro, preciso, objetivo, direto. Não se perca em detalhes. Não seja repetitivo, nem rebuscado, nem esquivo. Seja direto ao assunto. Não crie introduções desnecessárias. E cuidado com erros gramaticais e de ortografia.

Extensão: agora uma boa notícia. Você vai ter de escrever pouco. O tempo é o recurso mais escasso nas empresas. Portanto, se você quer dar a seu projeto uma chance de ser lido, lembre-se de que menos é mais. Não pense que um texto quilométrico vai impressionar pelo tamanho. Seja sintético. Escreva o mínimo indispensável para transmitir o máximo de informações. Se a proposta despertar o interesse de seu potencial patrocinador, ele tomará a iniciativa de solicitar a você maiores detalhes.

Itens claros: os itens abordados não devem apresentar dúvidas em sua concepção.

Detalhamento: detalhe ao máximo todos os itens do projeto, porém com objetividade. Evite se alongar demais com explicações cansativas.

Os primeiros itens a serem observados pelo **"Prospect"** são "Público-Alvo" e "Estratégia de Comunicação".

Classificação de público-alvo: identifique o seu público-alvo, classificando-o segundo faixa etária, profissão, área de interesse, classe socioeconômica, procedência, cargo, grau de fidelidade a projetos da mesma natureza. Demonstre clareza e segurança em sua identificação.

Valorize a marca do apoiador: na Estratégia de Comunicação mostre como a marca do candidato a patrocinador ou apoiador será vinculada ao projeto, ressaltando todos os esforços previstos para a sua divulgação. Sensibilize o interlocutor para os benefícios de sua proposta. Exiba *layouts* personalizados que auxiliem na visualização da marca nos materiais do projeto.

Relevância do tema: justifique a relevância do projeto e os resultados que este trará para o público-alvo. Mencione tradição, seriedade, os profissionais envolvidos e todo o *know-how* técnico do evento.

Cronograma e organograma: exiba o cronograma das atividades desde o primeiro dia do planejamento até o último dia da execução do projeto. Apresente, em conjunto, o organograma, indicando papéis e responsabilidades dos profissionais envolvidos na organização. Estes instrumentos revelam disciplina, organização e compromisso com prazos, qualidades apreciadas pelos "Prospects".

Número: números, estatísticas, reforçam a importância, viabilidade e possibilidades do projeto.

Convicção: nunca condicione suas propostas, pois isso gera insegurança e fragilidade. Convicção é fundamental.

Projeto gráfico: boa aparência é sempre importante. Principalmente nesta área de lazer e recreação. A primeira leitura da empresa será visual. Mas não exagere. Não arrisque soluções mirabolantes. Não deixe a forma sufocar o conteúdo. Ao contrário.

A apresentação tem de jogar a favor da informação, contribuir para a sua locação e compreensão.

Apresentação do projeto para o cliente

Apresentação impecável: a conquista é fundamental. A primeira impressão será levada pela apresentação do projeto, por isso, reserve criatividade, originalidade e capricho.

Papel: procure sempre timbrar o papel. Demonstrará apresentação e reforço da imagem do evento

Revisão: revise toda a digitação do texto, por segurança.

Simplicidade: evite ilustrações desnecessárias e exageros estéticos, mantenha o bom gosto e evite desviar a atenção do "Prospect". Ganhe adesão pela qualidade e afinação com a proposta.

Organização: organize uma ordem de apresentação, elegendo prioridades. Faça as primeiras apresentações, sinopses com justificativa do projeto e um índice. Inclua fotos, ilustrações, porém de forma sutil e elegante.

Objetividade: seja claro e direto em suas exposições de custo, pois o "Prospect" sabe de seu interesse financeiro. Evite situações impacientes.

Medida de bom senso: o seu projeto tem que ser apresentado na medida certa, nem tão longo, nem tão breve. Use uma estratégia de apresentação equilibrada e objetiva.

Checklist para condução de um projeto

Processo de iniciação

- A proposta é coerente com a visão do planejamento estratégico da organização contratante do projeto (organização de origem)?
- A proposta possibilita resultados e retorno sobre o investimento compatíveis com as expectativas da organização?
- As premissas relevantes foram estabelecidas e validadas?
- Os recursos estratégicos estarão disponíveis para a condução do projeto?
- Foi formalizada uma proposta executiva, que define o objetivo, os resultados e as especificações, os indicado-

res de acompanhamento, as premissas e os obstáculos do projeto?

- A estratégia e o escopo do projeto estão claramente definidos?
- A avaliação qualitativa e quantitativa da viabilidade do projeto é consistente e defensável?
- Uma avaliação global de risco foi realizada?
- As principais partes interessadas e afetadas foram adequadamente envolvidas?
- Já foi definido quem será o gerente do projeto, com capacitação e experiência requeridas?
- A equipe necessitará de algum tipo de suporte, treinamento, direcionamento e/ou acompanhamento diferenciados?
- Toda informação relevante necessária para prosseguir o projeto está disponível e organizada?
- Existe a necessidade de um evento ou documento para formalizar a apresentação e/ou lançamento do projeto?

Processo de planejamento

- O escopo foi detalhado e tem a anuência da equipe do projeto?
- Está definida a metodologia de implementação e a sistemática de gerenciamento do projeto?
- Existem cronogramas, marcos e orçamentos estabelecidos?
- Os recursos foram devidamente alocados?
- As responsabilidades estão claramente definidas?
- O processo de desenvolvimento de fornecedores e aquisição está sistematizado e é conhecido?
- Os fornecedores foram definidos?
- Um plano de qualidade visando assegurar os resultados e as especificações foi estabelecido?
- Foi realizada uma avaliação detalhada de riscos? Medidas e contingências foram previstas?

- O sucesso do projeto está assegurado?
- Existe um sistema de documentação do projeto?
- Foi estabelecido um plano de comunicação para todos os envolvidos?
- Toda documentação gerada foi integrada em um plano detalhado do projeto?
- O plano do projeto tem condições de ser submetido à aprovação?
- Existe a necessidade de um evento ou documento para formalizar o início e o comprometimento das pessoas envolvidas?

Processo de Execução

- A Equipe está integrada e motivada para execução das atividades?
- A liderança é reconhecida pela equipe, pela sua habilidade na comunicação, administração de conflitos e influência de pessoas?
- A equipe requer treinamento específico nas tecnologias envolvidas?
- Os fornecedores e interfaces da organização estão integrados ao projeto?
- O processo de negociação com fornecedores tem sido harmonioso e próspero?

Processo de Controle

- Estão definidos indicadores de progresso e foi sistematizado seu acompanhamento?
- Os relatórios de acompanhamento estão ocorrendo conforme o programado?
- As reuniões de acompanhamento estão acontecendo?

- Os desvios do planejado e realizado estão sendo identificados e as medidas corretivas estão sendo analisadas e implementadas?
- O impacto das mudanças é simulado, avaliado e, após implementado, recoloca o projeto na trilha de seu objetivo?
- O progresso e as etapas estão sendo registradas e arquivadas?

Processo de encerramento

- Foram realizados os procedimentos de encerramento do projeto?
- A organização patrocinadora do projeto, os clientes e/ou usuários e a equipe do projeto estão satisfeitos com os resultados?
- Foi conduzida a reunião de balanço do projeto, concluindo-se as lições aprendidas?
- Que resultados podem ser compartilhados e utilizados com propósitos institucionais e/ou mercadológicos?

A velocidade com que as mudanças ambientais vêm acontecendo é muito grande. Muitos indivíduos e organizações nem se encontram preparados para suportar tantas mudanças, nem o ritmo com que elas acontecem. Um gestor de projetos é alguém que está sempre atento e comprometido com esse ambiente em transformação. Por isso, prepare-se e esteja apto para ingressar neste ambiente vertiginosamente interessante e cheio de oportunidades.

Divirta-se! Pois no universo de cada projeto você encontrará muitos motivos para jamais querer parar de aprender, e lembre-se: o ponto de partida para a concepção de um projeto diferenciado é a alma criativa de seu idealizador.

Referências bibliográficas

Escola interamericana de administração pública.

Administração de projetos culturais. Rio de Janeiro, FGV, 1981.

GASNIER, Daniel Georges. *Guia prático para gerenciamento de projetos: manual de sobrevivência para os profissionais de projetos*. São Paulo, IMAN, 2000. 165 p.

LEWIS, James P. *Como gerenciar projetos com eficácia*. Rio de Janeiro, Campus, 2000. 105 p.

MENEZES, Luís César de Moura. *Gestão de projetos*. São Paulo, Atlas, 2001. 211 p.

POMERANZ, Lenina. *Elaboração e análise de projetos*. 2ª ed. São Paulo, HUCITEC, 1988.

TRIGO, Luiz Gonzaga Godoi (Org.) *Turismo. Como aprender, como ensinar*, 1/São Paulo, Ed. Senac, São Paulo, 2001.

WOILER, Sansão. *Projetos: planejamento, elaboração, análise*. São Paulo, Atlas, 1996. 294 p.